약속의 땅

The Gospel Project for Kids

is published quarterly by LifeWay Christian Resources,
One LifeWay Plaza, Nashville, TN 37234, Thom S. Rainer, President
© 2015 LifeWay Christian Resources
Translated and used by permission of LifeWay Christian Resources

This Korean translation edition © 2017 by Duranno Ministry,
38, Seobinggo-ro 65-gil, Yongsan-gu, Seoul, Republic of Korea
Published by arrangement with LifeWay Christian Resources

가스펠 프로젝트

구약 **3**

약속의 땅

저학년 교사용

지은이 · LifeWay Kids
옮긴이 · 안윤경
감수 · 김도일, 김병훈, 이희성

초판 발행 · 2017. 5. 25
2판 2쇄 발행 · 2025. 8. 20
등록번호 · 제1988-000080호
등록된 곳 · 서울특별시 용산구 서빙고로65길 38
발행처 · 사단법인 두란노서원
영업부 · 02) 2078-3352, 3452, 3752, 3781 FAX 080-749-3705
편집부 · 02) 2078-3437
표지디자인 · 더그램
활동연구 · 김찬숙, 박현진, 이경선, 이다솔, 한승우

책값은 뒤표지에 있습니다.
ISBN 978-89-531-4549-8 04230 / 978-89-531-4542-9 (세트)

홈페이지 · gospelproject.co.kr / 두란노몰 · mall.duranno.com

두란노서원은 바울 사도가 3차 전도 여행 때 에베소에서 성령 받은 제자들을 따로 세워 하나님의 말씀으로 양육하던 장소입니다.
사도행전 19장 8-20절의 정신에 따라 첫째 목회자를 돕는 사역과 평신도를 훈련시키는 사역,
둘째 세계선교TM와 문서선교단행본·잡지 사역, 셋째 예수문화 및 경배와 찬양 사역, 그리고 가정·상담 사역 등을 감당하고 있습니다.
1980년 12월 22일에 창립된 두란노서원은 주님 오실 때까지 이 사역들을 계속할 것입니다.

차례

1. 단원 개요 · 각 과의 목표

- '가스펠 프로젝트'(하나님의 구원 계획)의 연대기적 큰 흐름 속에서 각 단원과 각 과의 주제를 살펴봅니다.

카운트다운 단원별로 제공되는 3분 카운트다운 영상(지도자용 팩)으로, 장소를 옮기거나 시간을 구분 짓는 방법으로 활용할 수 있습니다.

무대 배경 단원별 설교의 도입(들어가기)에서 공통적으로 활용할 수 있는 무대 데코 아이디어로, 배경 이미지(지도자용 팩)를 화면에 띄워 사용할 수 있습니다.

단원 암송 단원의 핵심 메시지가 담긴 성경 구절입니다.

성경의 초점 본문과 관련된 성경의 중심 주제(핵심 교리)를 문답 형식으로 정리한 문장입니다. 단원의 성경의 초점을 익히며 성경의 흐름을 이해하게 합니다.

주제 각 과의 핵심 줄거리를 파악할 수 있습니다.

가스펠 링크 성경 이야기에 담긴 복음을 발견하게 합니다. 모든 성경 이야기는 그리스도와 연결됩니다.

본문 속으로 이 과를 준비하며 묵상할 내용과 티칭 포인트를 제시합니다. 청장년용 《가스펠 프로젝트》로 교사 소그룹 모임에서 더 깊은 묵상을 나누며 성경 읽기를 병행할 것을 권유합니다. 부모 소그룹 모임은 교회와 가정을 연계해 교육 효과를 더욱 높여 줄 것입니다.

말씀 묵상 2

- 말씀을 묵상하며 어떻게 가르칠 것인가를 기도로 준비합니다.

이야기 성경 '가스펠 설교'에서 사용하는 구어체 설교입니다. 같은 내용의 영상이 지도자용 팩에 있습니다.

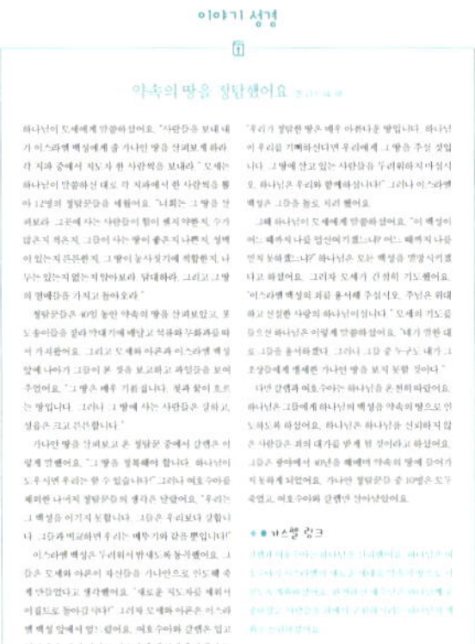

가스펠 준비 3

- 사전 활동을 살펴봅니다.

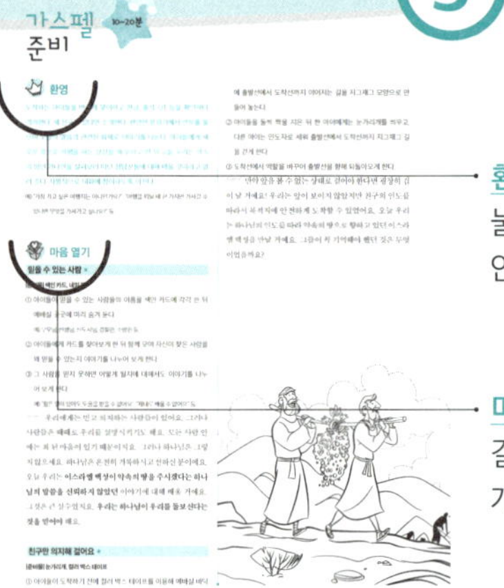

환영 아이들을 맞이하며 나눌 수 있는 대화의 소재를 제안합니다.

마음 열기 이 과의 주제와 연결된 간단한 게임 활동을 소개합니다.

④ 가스펠 설교

● **도입 - 전개 - 가스펠 링크 - 복음 초청 - 적용**에 이르는 설교 가이드입니다.

들어가기 도입 아이디어를 소개합니다.

복음 초청 매주 복음을 전하고 영접 기도를 이끌 수 있는 초청 대화를 담았습니다.

적용 에피소드를 담은 영상과 질문이 담겨 있습니다. 설교 도입이나 적용 부분에서 활용하거나 영상을 본 뒤 소그룹에서 풍성한 대화를 이어 가는 방법도 추천합니다.

찬양 단원 주제를 담은 찬양, 악보, 율동을 지도자용 팩, 가스펠 프로젝트 홈페이지(gospelproject.co.kr)에서 만날 수 있습니다.

연대표 '가스펠 프로젝트'(하나님의 구원 계획)의 큰 흐름 속에서 이 과의 위치를 파악해 봅니다.

가스펠 소그룹 ⑤

● 예배 후 소그룹 모임에서 배운 내용을 되새길 수 있는 다양한 활동을 소개합니다.

보물 상자 성경의 메시지와 자신의 삶을 연결해 보고, 하나님과 일대일 대화를 나누듯 마음을 고백하는 마무리 활동입니다.

나침반 재미있는 게임 활동으로 단원 암송을 익히게 합니다. 부록의 단원 암송 페이지와 지도자용 팩의 PPT를 활용할 수 있습니다.

탐험하기 성경 이야기의 의미를 묵상하며 주제, 가스펠 링크, 성경의 초점 등을 되새기는 확장 활동입니다.

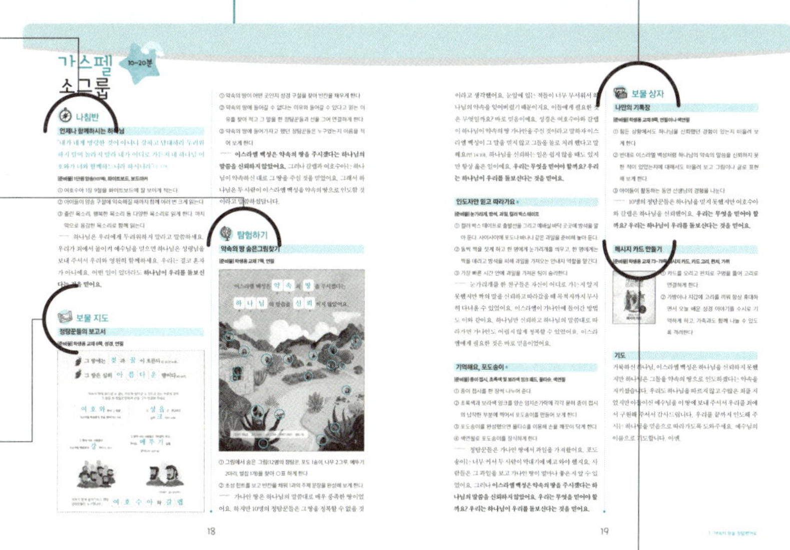

보물 지도 퀴즈와 게임을 통해 성경 이야기를 복습하는 활동입니다.

메시지 카드 각 과의 핵심 내용과 가족과 함께하는 활동을 담았습니다.

*지도자용 팩의 PC 전용 DVD-Rom에 영상, 그림, 음원, 악보, PPT 등의 자료가 있습니다.

발간사

두란노서원을 통해 라이프웨이(LifeWay)의《가스펠 프로젝트》성경 공부 교재 시리즈를 발간할 수 있도록 인도하신 하나님께 감사드립니다. 험한 소리로 가득한 세상에 이 책을 다릿돌처럼 놓습니다. 우리 삶은 말씀을 만난 소리로 풍성해져야 합니다. 주님을 만난 기쁨의 소리, 진실 앞에서 탄식하는 소리, 죄를 씻는 울음소리, 소망을 품은 기도 소리로 가득해야 합니다.

《가스펠 프로젝트》는 신구약을 관통하는 예수 그리스도의 복음을 발견하고, 그 가르침을 삶에 적용하는 지혜를 얻도록 기획한 성경 공부 교재입니다. 어린아이부터 어른에 이르기까지 생애 주기에 따른 복음 메시지를 잘 배울 수 있습니다. 또한, 거짓 진리가 미혹하는 이 시대에 건강한 신학과 바른 교리로 말씀을 조명하여 성도의 신앙이 좌로나 우로나 치우치지 않도록 돕습니다.

두란노서원은 지금까지 "오직 성경, 복음 중심, 초교파적 관점"을 바탕으로 한국 교회와 성도를 꾸준히 섬겨 왔습니다. 오직 성경의 정신에 입각해 책과 잡지를 출판해 왔으며, 성경에 근거한 복음 중심의 신학을 포기한 적이 없습니다. 그리고 교단과 교파를 초월하여 교회와 성도가 하나님 나라를 바라볼 수 있도록 돕기 위해 노력해 왔습니다.《가스펠 프로젝트》는 두란노가 지켜 온 세 가지 가치를 충실하게 담은 책입니다.

성경은 구원을 위한 책이며, 구원사의 주인공은 예수 그리스도입니다. 창세기부터 요한계시록까지 오직 예수 그리스도의 복음만을 전하는《가스펠 프로젝트》성경 공부 교재를 통해 복음의 은혜와 진리를 깊이 경험하고, 복음 중심의 삶이 마음 판에 새겨지기를 바랍니다. 그리고 예수 그리스도 복음에 굳게 선 한 사람의 영향력이 가정과 교회와 사회에 흘러감으로써 거룩한 하나님 나라가 확산되어 가기를 소망합니다.

두란노서원 원장 이 형 기

감수사

《가스펠 프로젝트》는 어린이와 청소년 성경 공부를 위한 좋은 교재입니다. 그들이 이해할 수 있는 언어로 성경을 자세히 알 수 있도록 도와주고 있기 때문입니다. 어린이와 청소년의 발달심리에 익숙한 전문가들을 포함해 많은 사람이 참여해 애쓴 흔적이 보입니다.

《가스펠 프로젝트》는 인류를 향한 하나님의 구원 계획인 복음을 다음과 같은 과정으로 설명합니다. "첫째, 하나님은 다스리신다. 둘째, 우리는 죄를 범했다. 셋째, 그러나 하나님은 공급하신다. 넷째, 하나님의 아들 예수 그리스도께서는 우리에게 영생을 주시고 우리를 초청하신다. 다섯째, 우리는 예수님의 초청에 응답해야 한다." 이와 같이 《가스펠 프로젝트》는 복음을 주시는 하나님의 계획에 사람이 어떻게 반응해야 하는지를 간단하게, 그리고 핵심을 놓치지 않고 잘 설명합니다. 그러므로 《가스펠 프로젝트》에 참여하는 교사와 학생은 하나님의 주권과 언약, 신실하심과 사랑을 배우고 깊이 느낄 수 있을 것입니다. 성령의 인도하심에 순종하는 것이 얼마나 복된지 몸소 체험할 수 있을 것입니다.

그때, 그곳에서, 그들에게 주어졌던 하나님의 말씀을 지금, 여기에서, 우리에게 주어지는 하나님의 말씀으로 받아들이고 해석하려면 해석학적 간격(hermeneutical gap)이 존재한다는 점을 유념하고, 말씀을 적절하게 해석해 적용해야 합니다. 하나님의 말씀은 성령의 조명을 받아 학문이 없는 사람도 그 핵심적인 메시지를 이해할 수 있지만, 모든 성경을 자의적으로 해석하는 우를 범해서는 안 됩니다. 《가스펠 프로젝트》는 이러한 해석상의 오류를 최소한도로 줄여줄 수 있다고 봅니다. 가능하면 말씀에 담긴 메시지를 전달하려고 노력했기 때문입니다. 이런 점에서 《가스펠 프로젝트》는 하나님의 마음을 더 깊이 이해하기 위한 기본적인 성경 지식을 제공해 주고, 말씀의 깊은 샘으로 들어가 맛있는 물을 마실 수 있도록 돕는 좋은 통로입니다.

《가스펠 프로젝트》로 성경을 공부하게 되면 성경 말씀을 사랑하게 될 것입니다. 어린이들과 청소년들도 '말씀이 참 재미있고 유익하구나'라고 느끼게 될 것입니다. 레너드 스윗이 말한 것처럼, 미래 세대는 경험적, 참여적, 이미지 중심적, 연결적(EPIC) 사역을 통해 말씀 속으로 자발적으로 들어와야 거룩한 하나님의 백성이 될 수 있기 때문입니다.

모쪼록 《가스펠 프로젝트》를 통해 모든 세대가 하나님을 더 넓고 깊게 알아 가며, 성령의 도우심 가운데 예수님의 튼실한 제자로 성장하기를 원합니다. 아울러 세상 속에서 하나님 나라를 확장시켜 나가는 하나님의 백성이 되는 기초를 체계적으로 다질 수 있기를 바랍니다. 《가스펠 프로젝트》는 오직 믿음, 오직 성경, 오직 은혜, 오직 그리스도를 통해 하나님께 영광 돌리는 데 큰 도움이 될 것입니다.

김도일 _ 장로회신학대학교, 기독교교육학 교수

《가스펠 프로젝트》는 무엇보다도 전통적으로 교회가 풀어 온 흐름을 충실히 따라 성경을 해설하고 있습니다. 그리고 그 방향은 궁극적으로 예수 그리스도를 향해 나아가고 있습니다. 이것은 예수님이 구약과 신약의 모든 성경이 자신을 가리키고 있다고 하신 말씀에 비추어 매우 타당한 것입니다. 게다가 그리스도 중심적 해설을 무리하게 전개하지 않습니다. 각 본문에서 하나님의 구원 언약과 그것을 실현하시는 하나님을 드러내면서, 그리스도의 예표적 설명이 가능한 사건을 놓치지 않고 풀어내고 있습니다.

성경 공부 교재는 명시적으로 혹은 암시적으로 제시하

는 교리적 진술이 교리 체계상 건전해야 합니다. 《가스펠 프로젝트》는 99개 조에 이르는 핵심 교리들을 일목요연하게 제시하여 교리의 건전성을 확인할 수 있도록 도움을 줍니다. 《가스펠 프로젝트》의 교리는 교파를 막론하고, 예수 그리스도의 복음에 충실한 복음주의 교회들에게 환영받을 만합니다. 물론 교파마다 약간의 이견을 갖는 부분들이 있을 수 있겠지만, 각 교회에서 교재를 활용하는 데에 무리가 없을 것입니다. 《가스펠 프로젝트》의 특징은 각 과에서 학습한 내용을 핵심 교리와 연결해 주며, 그 결과 그리스도의 복음에 관련한 교리적 이해를 강화시킨다는 데에 있습니다.

끝으로 《가스펠 프로젝트》는 어떤 성경 주해서나 교리 학습서가 갖지 못하는 훌륭한 장점을 가지고 있습니다. 그것은 학습자를 하나님과 그리스도의 복음 앞으로 이끌며, 자신의 신앙과 삶을 돌아보도록 하는 적용의 적실성과 훈련의 효과입니다. 아울러 본문과 관련한 교회사적으로 또 주석적으로 중요한 신학자와 목사의 어록을 제시하고, 심화 토론을 위한 질문을 달아 주고, 선교적 안목을 열어 주는 적용 질문들을 더해 준 것은 《가스펠 프로젝트》에서 얻을 수 있는 커다란 유익입니다.

추천할 만한 마땅한 성경 공부 교재를 찾기가 쉽지 않은 현실에서 《가스펠 프로젝트》는 성경을 개괄적으로 매주 한 과씩 3년의 기간 동안 일목요연하게, 그리고 그리스도 중심적으로 공부하도록 이끌어 준다는 점에서, 한국 교회의 기초를 성경 위에 놓는 일에 커다란 공헌을 할 것으로 믿어 의심치 않습니다.

김병훈 _ 합동신학대학원대학교 조직신학 교수

"보라 날이 이를지라 내가 기근을 땅에 보내리니 양식이 없어 주림이 아니며 물이 없어 갈함이 아니요 여호와의 말씀을 듣지 못한 기갈이라"(암 8:11). 주전 8세기 아모스 선지자의 외침이 오늘 이 시대에 다시 메아리쳐 오고 있습니다. 두란노의 《가스펠 프로젝트》는 성도들이 겪고 있는 영적인 갈증과 혼란을 해소해 줄 수 있는 유익한 성경 공부 교재입니다.

첫째, 《가스펠 프로젝트》는 성경 전체 흐름과 문맥에 따라 구성되어 성경의 큰 그림을 볼 수 있도록 도와줍니다. 또 성경 각 본문의 의미를 깊이 이해할 수 있도록 해당 분야의 전문 성경 신학자들의 주석적 견해를 잘 소개하고 있습니다. 둘째, 본문 연구와 함께 관련 핵심 교리들을 적절하게 소개하여 성경과 교리를 연결할 수 있습니다. 또 모든 과에서 그리스도와의 연결점을 찾아 제시함으로써 구약 본문을 통해서도 복음을 깨달을 수 있습니다. 성경 공부 전 과정을 마치면 성도들이 복음에 대한 견고한 믿음을 가지게 될 것입니다. 셋째, 성경 공부 적용의 초점을 선교에 맞추어 성도들이 삶의 현장에서 복음의 증인으로서의 사명을 감당할 수 있게 도와줍니다. 마지막으로 주일학교에서 장년에 이르기까지 동일한 주제와 본문으로 성경을 공부하도록 구성하였기 때문에 모든 교인이 한 말씀 안에서 한 믿음의 공동체를 이루며 성숙해 가는 영적 부흥을 경험하게 될 것입니다.

두란노의 《가스펠 프로젝트》를 통해 말씀이 갈급한 기근의 시대에 영적 해갈의 기쁨을 경험하시기 바랍니다.

이희성 _ 총신대학교 신학대학원 구약학 교수

추천사

✝ 우리를 향한 하나님의 멈추지 않는 사랑, 아들을 내어 주신 아버지 하나님의 놀라운 구원 계획에 눈뜨게 하는 교재입니다. 성경을 꿰뚫는 변함없는 메시지, 예수 그리스도를 만날 수 있는 교재입니다. 유익한 활동과 흥미로운 반복 학습을 통해 기독교 핵심 주제를 접하고, 말씀을 가까이하며, 가족과 묵상을 나누도록 이끄는 방식에 기대가 큽니다. 다양한 소재의 영상과 그림 자료는 시청각 자료가 부족한 교육 현장에 큰 활력을 불어넣어 줄 것입니다. 교재 내용에 맞게 창작된 찬양은 곡조가 있는 산 기도를 체험하게 도와줄 것입니다. 무미건조한 습관적 예배, 아이들과 소통하지 못해 안타까워했던 부모와 교사, 다음 세대를 걱정하는 교회 지도자들에게 이 교재를 추천합니다.

김요셉 _ 중앙기독학교 교목, 원천침례교회 목사

✝ 우리 시대의 전 세계적 교회 부흥은 두 가지 샘을 갖고 있습니다. 한 샘은 오순절 부흥 운동의 샘입니다. 이 샘으로 많은 시대의 목마른 영혼들이 목마름을 해갈했습니다. 또 하나의 샘은 성경 연구의 샘입니다. 남침례교 주일학교 운동은 이 샘의 개척자입니다. 이 샘으로 지금도 많은 성도가 목마름을 해갈하고 있습니다. 미국 남침례교 라이프웨이 출판사는 성경 연구를 돕는 사역을 충실히 감당해 왔습니다. 《가스펠 프로젝트》는 목마른 영혼들의 필요를 공급하는 원천이 될 것입니다. 《가스펠 프로젝트》는 쉬우면서도 결코 피상적이지 않습니다. 믿음의 단계를 따라 하나님의 자녀들에게 꼭 필요한 복음의 진수를 맛보게 해 줄 것입니다.

이동원 _ 지구촌교회 원로 목사, 지구촌 미니스트리 네트워크 대표

✝ 성경을 공부한다는 것은 성경에 기록된 사실을 배우는 것이 아니라 성경이 가르치는 교리를 배우는 것입니다. 왜냐하면 성경은 독자에게 어떤 새로운 정보를 주기 위해 인간이 쓴 책이 아니라 죄인인 인간에게 구원을 주기 위해 하나님이 쓰신 말씀이기 때문입니다. 그런데 이 구원의 도리인 교리를 성경 본문을 통해 배우기가 쉽지 않기 때문에 좋은 안내서가 필요합니다. 이번에 출간된 《가스펠 프로젝트》는 이와 같은 역할을 탁월하게 수행하고 있기 때문에 기쁜 마음으로 추천합니다.

이성호 _ 고려신학대학원 역사신학 교수

✝ 성경은 예수 그리스도를 중심으로 하는 하나님의 구원 이야기입니다. 《가스펠 프로젝트》는 성경이 어떻게 그리스도와 연결되어 있는지, 또 성도의 삶이 하나님의 구원 계획에 어떻게 연결되어야 하는지를 구체적으로 제시합니다. 특히 《가스펠 프로젝트》는 하나의 본문으로 각 연령에 맞게 구성한 교재를 제공해 하나의 본문으로 전 세대를 연결하고, 가정과 교회를 하나 되게 합니다. 신앙의 전수가 중요한 시대에 성도와 교회와 가정이 한마음으로 다음 세대를 준비시키기에 적합합니다. 특히 가정에서 부모가 자녀와 말씀으로 대화를 나눌 수 있게 해 자녀의 신앙 교육에 도움이 될 것입니다.

이재훈 _ 온누리교회 담임 목사

✝ 예수님은 친히 요한복음 5장 39절에서, 모든 성경은 예수님 자신에 대한 증거라고 말씀하셨습니다. 그럼에도 불구하고, 성도들은 그 속에서 예수님이라는 보석을 쉽게 찾아 내지 못하고 있습니다. 《가스펠 프로젝트》는 신앙생활을 출발하는 어린이부터 장년까지 이런 눈을 활짝 열어 주는 놀라운 교재입니다. 요람에서부터 무덤까지 각 연령대에 맞게 구성된 《가스펠 프로젝트》 성경 공부 교재를 통해, 한국 교회와 이민 교회가 잃어버린 예수님을 다시 발견함으로 견고하게 되기를 바랍니다.

최병락 _ 강남중앙침례교회 담임 목사

1단원 구원의 하나님

이스라엘 백성은 약속의 땅에 들어가기 전 40년 동안 광야를 헤맸습니다. 이스라엘 백성은 그 땅을 정복해야 했으며, 하나님은 그들을 위해 싸우셨습니다. 여호수아는 이스라엘 백성을 인도했고, 그들이 유일한 진짜 신이신 하나님께 신실하도록 격려했습니다.

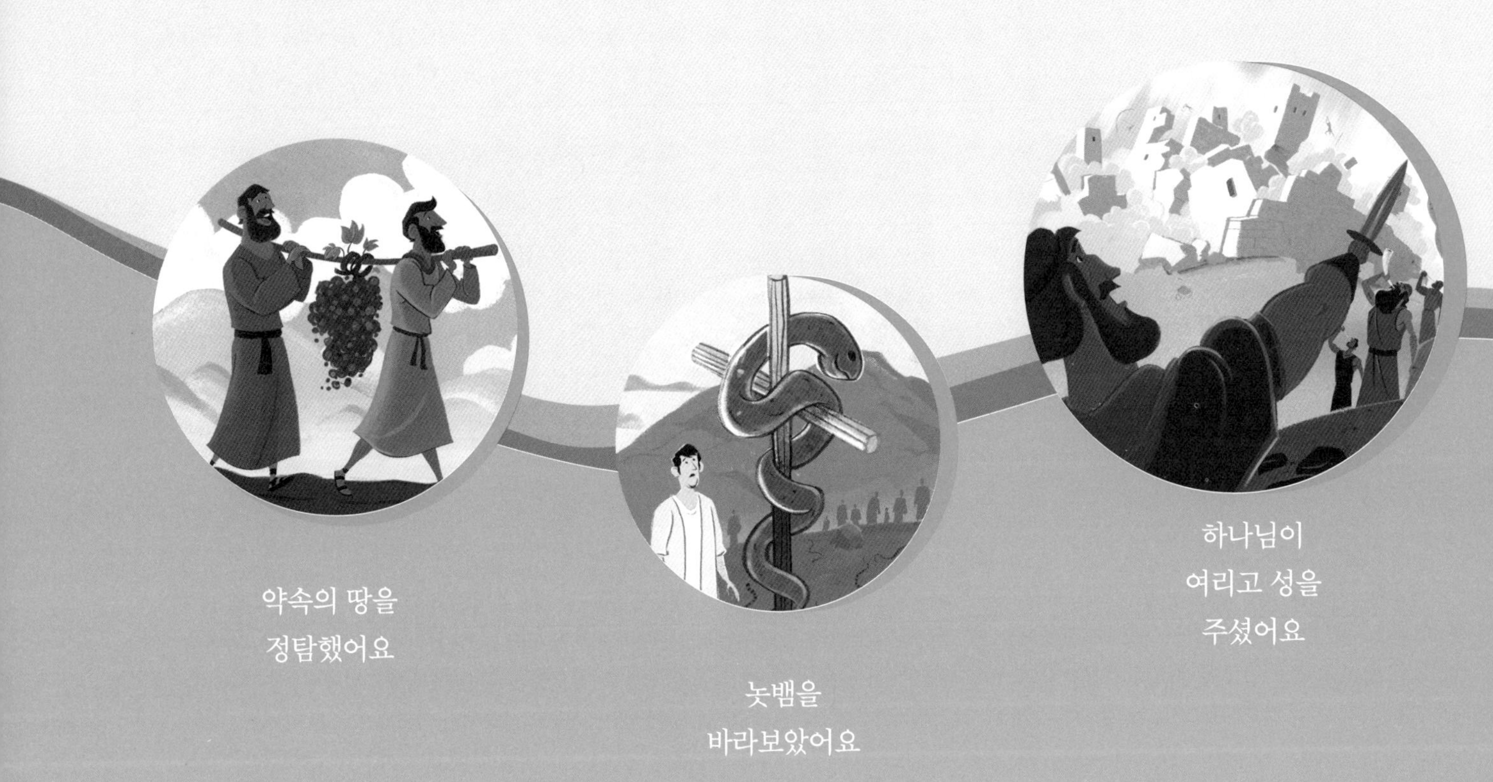

약속의 땅을
정탐했어요

놋뱀을
바라보았어요

하나님이
여리고 성을
주셨어요

The Gospel
Project

여호수아가
당부했어요

죄 때문에
아이 성 전투에서
졌어요

DVD **카운트다운 – 돌고 도는 세상**

카운트다운 영상(지도자용 팩)을 틀고 예배 준비 자세를 취하도록 격려한다. 예배가 시작되는 시간에 영상이 끝나도록 맞추어 놓는다. 영상이 끝나기 30초 전에 예배 인도자는 정 위치에 서서 조용히 기도하는 모범을 보인다.

DVD **무대 배경 – 체험 동물원**

매주 곤충, 파충류, 가축 등이 있는 체험 동물원을 만든다. 벽에 동물 포스터를 걸고 동물마다 이름표를 붙인다. 그리고 예배실 앞쪽에 뚜껑이 있는 작은 상자를 놓아 둔다. 상자의 옆면에 '주의 : 살아 있는 동물'이라고 쓴다. 화면에 체험 동물원 배경 이미지(지도자용 팩)를 띄운다.

1 약속의 땅을 정탐했어요

민 13:1~14:38

하나님은 이스라엘 백성을 이집트에서 구하시기에 앞서 오래전 아브라함에게 약속하셨던 땅으로 그들을 데려가겠다고 약속하셨습니다(출 3:8). 그리고 하나님은 이스라엘 백성을 약속의 땅으로 인도하셨습니다.

약속의 땅이 가까워지자 하나님은 모세에게 정탐꾼들을 보내 그 땅을 살펴보게 하셨습니다. 12명의 정탐꾼들은 40일 동안 그 땅을 둘러보았습니다. 그 땅은 하나님이 약속하신 대로 젖과 꿀이 흐르는 땅이었습니다. 그러나 한 가지 문제가 있었습니다. 그곳에 사는 사람들이 매우 크고 강했던 것입니다.

정탐꾼들 중 하나였던 갈렙은 "우리가 곧 올라가서 그 땅을 취하자 능히 이기리라"(민 13:30)라고 말했습니다. 갈렙은 하나님이 함께하시면 어떤 것도 가능하다고 믿었습니다. 여호수아와 갈렙은 하나님이 어떤 분이신지 이해하고 있었습니다. 하나님은 한 번 하신 약속은 반드시 지키시는 분입니다.

그러나 10명의 정탐꾼들의 부정적인 보고를 들은 이스라엘 백성은 모두 두려워했습니다. 그날 밤 그들은 약속의 땅으로 인도하겠다는 하나님의 약속을 믿을 수 없어서 낙담했고, 모두 슬피 울었습니다. 그러고는 자신들을 이집트로 다시 데려갈 새로운 지도자를 뽑을 계획을 세웠습니다.

하나님은 이스라엘 백성을 기뻐하지 않으셨습니다. 그들은 하나님으로부터 돌이켜 스스로를 의지했기 때문입니다. 하나님은 그들을 모두 쓸어버리겠다고 하셨지만, 모세는 이스라엘 백성을 위해 중재자가 되어 기도했습니다. 하나님은 갈렙과 여호수아를 제외하고 하나님께 죄를 지은 사람은 그 누구도 약속의 땅에 들어가지 못할 것이라고 말씀하셨습니다. 이로써 이스라엘 백성은 40년 동안 광야를 헤매게 되었습니다.

● ● 티칭 포인트

이스라엘 백성이 하나님이 그들을 인도하신다는 사실을 믿지 못하는 죄를 지었다는 것을 아이들이 이해하도록 도와주십시오. 아울러 하나님의 아들이신 예수님은 아버지의 계획에 완전히 순종해 사람들을 죄에서 구원하셨다는 사실을 강조해서 말해 주십시오.

주제

이스라엘 백성은 약속의 땅을 주시겠다는 하나님의 말씀을 신뢰하지 않았어요.

가스펠 링크

여호수아는 새로운 세대를 약속의 땅으로 인도하시려는 하나님의 계획을 신뢰했어요. 예수님은 모든 사람을 죄에서 구원하시려는 하나님의 계획을 신뢰하셨어요.

약속의 땅을 정탐했어요 민 13:1~14:38

하나님이 모세에게 말씀하셨어요. "사람들을 보내 내가 이스라엘 백성에게 줄 가나안 땅을 살펴보게 하라. 각 지파 중에서 지도자 한 사람씩을 보내라." 모세는 하나님이 말씀하신 대로 각 지파에서 한 사람씩을 뽑아 12명의 정탐꾼들을 세웠어요. "너희는 그 땅을 살펴보라. 그곳에 사는 사람들이 힘이 센지 약한지, 수가 많은지 적은지, 그들이 사는 땅이 좋은지 나쁜지, 성벽이 있는지 튼튼한지, 그 땅이 농사짓기에 적합한지, 나무는 있는지 없는지 알아보라. 담대하라. 그리고 그 땅의 열매들을 가지고 돌아오라."

정탐꾼들은 40일 동안 약속의 땅을 살펴보았고, 포도송이들을 잘라 막대기에 매달고 석류와 무화과를 따서 가져왔어요. 그리고 모세와 아론과 이스라엘 백성 앞에 나아가 그들이 본 것을 보고하고 과일들을 보여 주었어요. "그 땅은 매우 기름집니다. 젖과 꿀이 흐르는 땅입니다. 그러나 그 땅에 사는 사람들은 강하고, 성읍은 크고 튼튼합니다."

가나안 땅을 살펴보고 온 정탐꾼 중에서 갈렙은 이렇게 말했어요. "그 땅을 정복해야 합니다. 하나님이 도우시면 우리는 할 수 있습니다!" 그러나 여호수아를 제외한 나머지 정탐꾼들의 생각은 달랐어요. "우리는 그 백성을 이기지 못합니다. 그들은 우리보다 강합니다. 그들과 비교하면 우리는 메뚜기와 같을 뿐입니다!"

이스라엘 백성은 두려워서 밤새도록 통곡했어요. 그들은 모세와 아론이 자신들을 가나안으로 인도해 죽게 만들었다고 생각했어요. "새로운 지도자를 세워서 이집트로 돌아갑시다!" 그러자 모세와 아론은 이스라엘 백성 앞에서 엎드렸어요. 여호수아와 갈렙은 입고 있던 옷을 찢어 버리고 이스라엘 백성에게 말했어요.

"우리가 정탐한 땅은 매우 아름다운 땅입니다. 하나님이 우리를 기뻐하신다면 우리에게 그 땅을 주실 것입니다. 그 땅에 살고 있는 사람들을 두려워하지 마십시오. 하나님은 우리와 함께하십니다!" 그러나 이스라엘 백성은 그들을 돌로 치려 했어요.

그때 하나님이 모세에게 말씀하셨어요. "이 백성이 어느 때까지 나를 업신여기겠느냐? 어느 때까지 나를 믿지 못하겠느냐?" 하나님은 모든 백성을 멸망시키겠다고 하셨어요. 그러자 모세가 간절히 기도했어요. "이스라엘 백성의 죄를 용서해 주십시오. 주님은 위대하고 신실한 사랑의 하나님이십니다." 모세의 기도를 들으신 하나님은 이렇게 말씀하셨어요. "네가 말한 대로 그들을 용서하겠다. 그러나 그들 중 누구도 내가 그 조상들에게 맹세한 가나안 땅을 보지 못할 것이다."

다만 갈렙과 여호수아는 하나님을 온전히 따랐어요. 하나님은 그들에게 하나님의 백성을 약속의 땅으로 인도하도록 하셨어요. 하나님은 하나님을 신뢰하지 않은 사람들은 죄의 대가를 받게 될 것이라고 하셨어요. 그들은 광야에서 40년을 헤매며 약속의 땅에 들어가지 못하게 되었어요. 가나안 정탐꾼들 중 10명은 모두 죽었고, 여호수아와 갈렙만 살아남았어요.

● ● 가스펠 링크

갈렙과 여호수아는 하나님을 신뢰했어요. 하나님은 여호수아가 이스라엘의 새로운 세대를 약속의 땅으로 이끌도록 계획하셨어요. 완전하신 예수님은 하나님께 순종하셨고, 사람들을 죄에서 구원하시려는 하나님의 계획을 신뢰하셨어요.

환영

도착하는 아이들을 반갑게 맞이하고 헌금, 출석, QT 등을 확인하며 격려한다. 새 친구가 있다면 소개한다. 편안한 분위기에서 안부를 물으며 오늘의 말씀과 관련된 화제로 이야기를 나눈다. 아이들에게 새로운 땅으로 여행을 하는 상상을 해 보라고 한 뒤 오늘 우리는 약속의 땅인 가나안을 살펴보러 떠난 정탐꾼들에 대해 배울 것이라고 알려 준다. 자발적으로 대화에 참여하도록 이끈다.

예) "가장 가고 싶은 여행지는 어디인가요?", "여행을 떠날 때 한 가지만 가져갈 수 있다면 무엇을 가져가고 싶나요?" 등.

마음 열기

믿을 수 있는 사람 *

[준비물] 색인 카드, 네임 펜

① 아이들이 믿을 수 있는 사람들의 이름을 색인 카드에 각각 쓴 뒤 예배실 곳곳에 미리 숨겨 둔다.

　예) 부모님, 선생님, 전도사님, 경찰관, 소방관 등.

② 아이들에게 카드를 찾아보게 한 뒤 함께 모여 자신이 찾은 사람을 왜 믿을 수 있는지 이야기를 나누어 보게 한다.

③ 그 사람을 믿지 못하면 어떻게 될지에 대해서도 이야기를 나누어 보게 한다.

　예) "힘든 일이 있어도 도움을 받을 수 없어요", "제대로 배울 수 없어요" 등.

　　우리에게는 믿고 의지하는 사람들이 있어요. 그러나 사람들은 때때로 우리를 실망시키기도 해요. 모든 사람 안에는 죄 된 마음이 있기 때문이지요. 그러나 하나님은 그렇지 않으세요. 하나님은 온전히 거룩하시고 선하신 분이에요. 오늘 우리는 **이스라엘 백성이 약속의 땅을 주시겠다는 하나님의 말씀을 신뢰하지 않았던** 이야기에 대해 배울 거예요. 그것은 큰 실수였지요. **우리는 하나님이 우리를 돌보신다는 것을 믿어야** 해요.

친구만 의지해 걸어요 *

[준비물] 눈가리개, 컬러 박스 테이프

① 아이들이 도착하기 전에 컬러 박스 테이프를 이용해 예배실 바닥에 출발선에서 도착선까지 이어지는 길을 지그재그 모양으로 만들어 놓는다.

② 아이들을 둘씩 짝을 지은 뒤 한 아이에게는 눈가리개를 씌우고, 다른 아이는 인도자로 세워 출발선에서 도착선까지 지그재그 길을 걷게 한다.

③ 도착선에서 역할을 바꾸어 출발선을 향해 되돌아오게 한다.

　　만약 앞을 볼 수 없는 상태로 걸어야 한다면 굉장히 겁이 날 거예요! 우리는 앞이 보이지 않았지만 친구의 인도를 따라서 목적지에 안전하게 도착할 수 있었어요. 오늘 우리는 하나님의 인도를 따라 약속의 땅으로 향하고 있던 이스라엘 백성을 만날 거예요. 그들이 꼭 기억해야 했던 것은 무엇이었을까요?

가스펠 설교

 들어가기

[준비물] 성경, 이름표, 사파리 여행 복장(단색 티셔츠, 카키색 바지, 사파리 모자),

모형 메뚜기, 옆면에 '주의 : 살아 있는 동물'이라고 쓴 상자

사파리 여행 복장을 하고 이름표를 달고 성경을 들고 들어온다. 한 손바닥 위에 모형 메뚜기를 올려놓고 마치 살아 있는 듯 행동한다.

안녕하세요, 여러분! 제 이름은 ○○○예요. 여기 체험 동물원에서 일하고 있어요. 저는 하나님이 창조하신 동물, 새, 곤충들을 모두 좋아해요! 하나님의 창조물들은 정말 멋지지 않나요? 체험 동물원에 있으면서 가장 좋은 점은 하나님의 멋진 창조물들을 가까이에서 볼 수 있다는 거예요.

여러분 중에 여기 있는 제 작은 친구가 어떤 곤충인지 아는 사람이 있나요? 아이들의 대답을 기다린다. 맞아요, 이 작은 친구는 메뚜기예요. 메뚜기에 대해 아는 사람 있어요? 아이들의 대답을 기다린다. 메뚜기에 대해 몇 가지 알려 드릴게요. 메뚜기의 고막은 날개 아래 배 부분에 위치해 있어요! 메뚜기는 적을 피해서 뛰거나 날아가요. 메뚜기가 여러분에게 갈색의 찐득찐득한 액체를 뱉을 수 있다는 것을 알고 있나요? 메뚜기를 잠시 내려다본다. 메뚜기를 안전한 곳에 두는 것이 좋겠어요. 메뚜기를 작은 상자에 넣어 옆에 둔다.

 연대표

'어린이를 위한 가스펠 프로젝트_하나님의 구원 계획' 영상(지도자용 팩)을 보여 주고 오늘의 성경 이야기도 하나님의 거대한 구원 계획의 한 부분에 속하는 이야기임을 상기시킨다.

메뚜기는 오늘의 성경 이야기에 나오는 곤충이에요. 성경 이야기로 들어가기 전에 우리가 어디까지 와 있나 한번 볼까요? 연대표에서 지난 성경 이야기들을 가리킨다.

오늘 우리는 이스라엘 백성이 약속의 땅에 도착한 이야기에 대해 배울 거예요. 모세는 12명의 정탐꾼들을 보내 그 땅을 살펴보게 했어요. 정탐꾼들은 가나안을 둘러보면서 어떤 것을 보았을까요? 약속의 땅은 어떤 모습이었을까요? 아이들의 대답을 기다린다.

 성경의 초점

모세가 약속의 땅으로 보낸 정탐꾼들 중에는 여호수아와 갈렙이 있었어요. 두 사람은 하나님을 신뢰했어요. 앞으로 우리가 몇 주 동안 배우게 될 '성경의 초점'의 질문은 **"우리는 무엇을 믿어야 할까요?"**예요. 오늘의 성경 이야기에서 답을 찾아보아요.

 성경 이야기

'민수기 13장 1절~14장 38절을 펴고, 설교 영상(지도자용 팩)을 보여 주거나 이야기 성경을 들려준다.

모세는 약속의 땅으로 정탐꾼들을 보내 그 땅을 살펴보게 했어요. 약속의 땅은 기름진 땅이었어요. 곡식들이 자라고 있었고, 집과 도시도 있었어요. 그렇지만 정탐꾼들은 그 땅에 살고 있는 사람들이 크고 힘이 센 것도 보았어요. 그들은 거인과 같았지요! 정탐꾼들 중에 10명은 매우 두려워했어요. 그래서 부정적으로 보고했지요. **이스라엘 백성은 약속의 땅을 주시겠다는 하나님의 말씀을 신뢰하지 않았어요.**

이스라엘 백성이 하나님을 신뢰하지 않았기 때문에 하나님은 그들을 벌하셔서 광야를 40년 동안 떠돌아다니게 하셨어요. 여호수아와 갈렙, 그리고 당시 어린아이들만이 약속의 땅에 들어갈 수 있었답니다. 갈렙과 여호수아는 누구를 믿어야 할지 알고 있었어요. **우리는 무엇을 믿어야 할까요? 우리는 하나님이 우리를 돌보신다는 것을 믿어요.**

하나님은 여호수아가 이스라엘의 새로운 세대를 약속의 땅으로 이끌도록 계획하셨어요. 완전하신 예수님은 하나님께 순종하셨고, 사람들을 죄에서 구원하시려는 하나님의 계획을 신뢰하셨어요.

복 / 습 / 질 / 문

1 약속의 땅으로 들어간 정탐꾼들은 모두 몇 명이었나요?

각 지파의 지휘관들로서 12명 (민 13:2)

2 정탐꾼들이 가지고 온 과일들은 무엇이었나요?

포도, 석류, 무화과 (민 13:23)

3 하나님이 약속의 땅을 주실 것이라며 하나님을 신뢰했던 정탐꾼들은 누구인가요?

갈렙과 여호수아 (민 13:30, 14:6)

4 하나님은 하나님을 신뢰하지 않는 이스라엘 백성을 어떻게 벌하셨나요?

하나님은 그들을 광야에서 40년간 떠돌아다니다 죽게 하셨다 (민 14:27~38)

5 우리는 무엇을 믿어야 할까요?

우리는 하나님이 우리를 돌보신다는 것을 믿어요.

찬양

강하고 담대하라

우리의 승리는
하나님 말씀
믿음으로 걸어가면
난 겁낼 것 없죠

우리의 승리는
하나님 말씀
주를 믿고 나아갈 때
약속의 땅을 얻으리

강하고 담대하라
우리 주님 늘 함께하시니
어느 곳에 가든지
날 떠나지 않네
여호와 주 하나님.

복음 초청

성경과 37쪽 복음 초청 가이드를 이용해서 아이들에게 그리스도인이 되는 법을 설명해 준다. 따로 상담해 줄 사람을 정해 주고 궁금한 점이 있으면 물어보도록 격려한다.

이 시간 예수님을 마음에 모시고 싶은 친구는 함께 기도해요.

기도

사랑하는 하나님, 항상 약속을 지켜 주셔서 감사해요. 무슨 일이 있든지 항상 하나님을 신뢰할 수 있도록 도와주세요. 예수님을 믿는 사람은 누구든지 용서해 주시는 하나님께 감사드려요. 예수님의 이름으로 기도합니다. 아멘.

적용

TIP 설교 도입이나 적용으로 활용하거나 영상을 본 뒤 소그룹에서 풍성한 대화를 이어 갈 수 있습니다.

지킬 수 없는 약속을 해 본 친구가 혹시 있나요? 아이들의 대답을 기다린다. 다음 영상을 함께 보고 이야기를 나누어 보아요. 적용 예화 영상(지도자용 팩)을 보여 준다.

우리는 무엇을 믿어야 할까요? 우리는 하나님이 우리를 돌보신다는 것을 믿어요. 하나님은 언제나 선하시며, 약속을 지키시는 분이에요. 그분은 항상 우리와 함께하시면서 우리를 돌보아 주세요. 힘든 일이 생길 때 이 사실을 기억하는 것은 우리에게 어떤 도움이 될까요? 친구나 이웃 중에 하나님을 믿기 어려워하는 사람이 있다면 어떤 말을 해 줄 수 있을까요? 아이들의 대답을 기다린다.

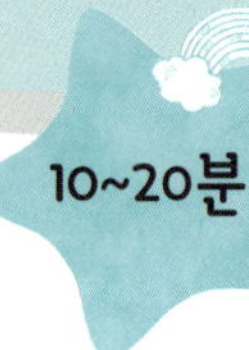

가스펠 소그룹

10~20분

나침반

언제나 함께하시는 하나님

"내가 네게 명령한 것이 아니냐 강하고 담대하라 두려워하지 말며 놀라지 말라 네가 어디로 가든지 네 하나님 여호와가 너와 함께하느니라 하시니라"(수 1:9).

[준비물] 1단원 암송(107쪽), 화이트보드, 보드마커

① 여호수아 1장 9절을 화이트보드에 잘 보이게 적는다.

② 아이들이 암송 구절에 익숙해질 때까지 함께 여러 번 크게 읽는다.

③ 졸린 목소리, 행복한 목소리 등 다양한 목소리로 읽게 한다. 마지막으로 용감한 목소리로 함께 읽는다.

— 하나님은 우리에게 두려워하지 말라고 말씀하세요. 우리가 죄에서 돌이켜 예수님을 믿으면 하나님은 성령님을 보내 주셔서 우리와 영원히 함께하세요. 우리는 결코 혼자가 아니에요. 어떤 일이 있더라도 **하나님이 우리를 돌보신다는 것을 믿어요.**

보물 지도

정탐꾼들의 보고서

[준비물] 학생용 교재 6쪽, 성경, 연필

① 약속의 땅이 어떤 곳인지 성경 구절을 찾아 빈칸을 채우게 한다.

② 약속의 땅에 들어갈 수 없다는 이유와 들어갈 수 있다고 믿는 이유를 찾아 적고 그 말을 한 정탐꾼들과 선을 그어 연결하게 한다.

③ 약속의 땅에 들어가자고 했던 정탐꾼들은 누구였는지 이름을 적어 보게 한다.

— **이스라엘 백성은 약속의 땅을 주시겠다는 하나님의 말씀을 신뢰하지 않았어요.** 그러나 갈렙과 여호수아는 하나님이 약속하신 대로 그 땅을 주실 것을 믿었어요. 그래서 하나님은 두 사람이 이스라엘 백성을 약속의 땅으로 인도할 것이라고 말씀하셨답니다.

탐험하기

약속의 땅 숨은그림찾기

[준비물] 학생용 교재 7쪽, 연필

① 그림에서 숨은 그림(12명의 정탐꾼, 포도 1송이, 나무 2그루, 메뚜기 2마리, 벌집 1개)을 찾아 ○표 하게 한다.

② 초성 힌트를 보고 빈칸을 채워 1과의 주제 문장을 완성해 보게 한다.

— 가나안 땅은 하나님의 말씀대로 매우 풍족한 땅이었어요. 하지만 10명의 정탐꾼들은 그 땅을 정복할 수 없을 것

이라고 생각했어요. 눈앞에 있는 적들이 너무 무서워서 하나님의 약속을 잊어버렸기 때문이지요. 이들에게 필요한 것은 무엇일까요? 바로 믿음이에요. 성경은 여호수아와 갈렙이 하나님이 약속의 땅 가나안을 주실 것이라고 말하자 이스라엘 백성이 그 말을 믿지 않고 그들을 돌로 치려 했다고 말해요(민 14:10). 하나님을 신뢰하는 일은 쉽지 않을 때도 있지만 항상 옳은 일이에요. **우리는 무엇을 믿어야 할까요? 우리는 하나님이 우리를 돌보신다는 것을 믿어요.**

인도자만 믿고 따라가요 *

[준비물] 눈가리개, 방석, 과일, 컬러 박스 테이프

① 컬러 박스 테이프로 출발선을 그리고 예배실 바닥 곳곳에 방석을 깔아 둔다. 사이사이에 포도나 바나나 같은 과일을 준비해 놓아 둔다.

② 둘씩 짝을 짓게 하고 한 명에게 눈가리개를 씌우고, 한 명에게는 짝을 데리고 방석을 피해 과일을 가져오는 안내자 역할을 맡긴다.

③ 가장 빠른 시간 안에 과일을 가져온 팀이 승리한다.

— 눈가리개를 한 친구들은 자신이 어디로 가는지 알지 못했지만 짝의 말을 신뢰하고 따라갔을 때 목적지까지 무사히 다녀올 수 있었어요. 이스라엘이 가나안에 들어간 방법도 이와 같아요. 하나님만 신뢰하고 하나님의 말씀대로 따라가면 가나안도 어렵지 않게 정복할 수 있었어요. 이스라엘에게 필요한 것은 바로 믿음이었어요.

기억해요, 포도송이 *

[준비물] 종이 접시, 초록색 및 보라색 잉크 패드, 물티슈, 색연필

① 종이 접시를 한 장씩 나누어 준다.

② 초록색과 보라색 잉크를 양손 엄지손가락에 각각 묻혀 종이 접시의 납작한 부분에 찍어서 포도송이를 만들어 보게 한다.

③ 포도송이를 완성했으면 물티슈를 이용해 손을 깨끗이 닦게 한다.

④ 색연필로 포도송이를 장식하게 한다.

— 정탐꾼들은 가나안 땅에서 과일을 가져왔어요. 포도송이는 너무 커서 두 사람이 막대기에 메고 와야 했지요. 사람들은 그 과일을 보고 가나안 땅이 얼마나 좋은지 알 수 있었어요. 그러나 **이스라엘 백성은 약속의 땅을 주시겠다는 하나님의 말씀을 신뢰하지 않았어요. 우리는 무엇을 믿어야 할까요? 우리는 하나님이 우리를 돌보신다는 것을 믿어요.**

보물 상자

나만의 기록장

[준비물] 학생용 교재 8쪽, 연필이나 색연필

① 힘든 상황에서도 하나님을 신뢰했던 경험이 있는지 떠올려 보게 한다.

② 반대로 이스라엘 백성처럼 하나님의 약속의 말씀을 신뢰하지 못한 적이 있었는지에 대해서도 떠올려 보고 그림이나 글로 표현해 보게 한다.

③ 아이들이 활동하는 동안 선생님의 경험을 나눈다.

— 10명의 정탐꾼들은 하나님을 믿지 못했지만 여호수아와 갈렙은 하나님을 신뢰했어요. **우리는 무엇을 믿어야 할까요? 우리는 하나님이 우리를 돌보신다는 것을 믿어요.**

메시지 카드 만들기

[준비물] 학생용 교재 73~78쪽 메시지 카드, 카드 고리, 펀치, 가위

① 카드를 오리고 펀치로 구멍을 뚫어 고리로 연결하게 한다.

② 가방이나 지갑에 고리를 끼워 항상 휴대하면서 오늘 배운 성경 이야기를 수시로 기억하게 하고, 가족과도 함께 나눌 수 있도록 격려한다.

기도

거룩하신 하나님, 이스라엘 백성은 하나님을 신뢰하지 못했지만 하나님은 그들을 약속의 땅으로 인도하겠다는 약속을 지키셨습니다. 우리도 하나님을 따르지 않고 수많은 죄를 지었지만 아들이신 예수님을 이 땅에 보내 주셔서 우리를 죄에서 구원해 주셔서 감사드립니다. 우리를 끝까지 인도해 주시는 하나님을 믿음으로 따라가도록 도와주세요. 예수님의 이름으로 기도합니다. 아멘.

2

놋뱀을
바라보았어요

민 20:1~20, 21:4~9

본문 속으로

이스라엘 백성은 광야에서 방황하면서 모세와 하나님을 원망하기 시작했습니다. 하나님은 이스라엘 백성을 위해 놀라운 일들을 행하셨습니다. 하나님은 파라오의 손에서 그들을 구하셨고, 홍해를 갈라 안전하게 건너게 하셨으며, 만나를 양식으로 내려 주셨습니다. 그럼에도 불구하고 이스라엘 백성은 불평했습니다.

하나님은 이스라엘 백성의 불만족이 더 큰 문제의 시작임을 아시고 그들을 벌하셨습니다. 그것은 바로 매우 중요한 문제인 죄의 문제였습니다. 그들은 하나님의 선하심을 더 이상 믿지 않기 시작했습니다. 그리고 에덴동산에서 하와가 사람들을 죄에 빠뜨리는 거짓말에 속은 것처럼 마음속으로 거짓말을 믿기 시작했습니다. 그것은 바로 '하나님이 내게 무엇인가를 숨기고 계신다'라는 거짓말입니다.

분노하신 하나님은 불뱀(독사)을 보내셔서 사람들을 물게 하셨고, 많은 사람이 이로 인해 죽었습니다. 이스라엘 백성은 회개했습니다. 그들은 모세더러 하나님께 기도해 뱀들을 떠나게 해 달라고 부탁했습니다. 모세가 백성을 위해 기도하자 하나님은 해결책을 제시해 주셨습니다. "불뱀을 만들어 장대 위에 매달아 물린 자마다 그것을 보면 살리라 모세가 놋뱀을 만들어 장대 위에 다니 뱀에게 물린 자가 놋뱀을 쳐다본즉 모두 살더라"(민 21:8~9).

요한복음 3장 14절에서 예수님은 "모세가 광야에서 뱀을 든 것같이 인자도 들려야 하리니"라고 말씀하셨습니다. 예수님이 하신 말씀은 무슨 뜻일까요? 고린도후서 5장 21절은 이렇게 말합니다. "하나님이 죄를 알지도 못하신 이를 우리를 대신하여 죄로 삼으신 것은 우리로 하여금 그 안에서 하나님의 의가 되게 하려 하심이라." 예수님은 우리를 초대하십니다. 예수님을 바라봄으로 우리는 죄 사함을 얻고 구원받을 수 있습니다. "땅의 모든 끝이여 내게로 돌이켜 구원을 받으라 나는 하나님이라 다른 이가 없느니라"(사 45:22).

● ● 티칭 포인트

아이들에게 우리 모두가 맞닥뜨리게 되는 죄 문제에 대해 강조해서 가르쳐 주십시오. 우리는 그냥 병든 것이 아니고 죄로 인해 모두 죽음이라는 대가를 치러야 한다고 알려 주십시오. 그러나 해법이 있다는 기쁜 소식도 함께 전해 주십시오. 죄 없으신 예수님이 우리를 위해 죄를 가져가심으로 십자가에 우리 대신 달리셨습니다. 우리는 십자가에 달리신 예수님을 바라봄으로써 죄 사함을 얻을 수 있습니다.

주제

하나님은 이스라엘 백성이 놋뱀을 바라보면 살 것이라고 말씀하셨어요.

가스펠 링크

독사에 물린 사람들이 장대에 달린 놋뱀을 바라보면 살 수 있었듯이 우리도 십자가에 달리신 예수님을 바라보고 믿으면 하나님과 영원히 함께 살 수 있어요.

놋뱀을 바라보았어요 민 20:1~20, 21:4~9

이스라엘 백성은 가나안 땅에 사는 사람들은 너무 강하고 자신들은 그들에 비해 메뚜기 같다는 10명의 정탐꾼들의 말을 듣고 두려워서 약속의 땅에 들어가기를 거부했어요. 하나님은 그들을 벌하셔서 광야에서 떠돌아다니게 하셨지요. 하지만 이스라엘 백성은 계속해서 투덜거리며 불평했어요. 그들이 마실 물이 없다고 불평하자 하나님은 모세와 아론에게 이스라엘 백성 앞에서 반석에게 "물을 내라"라고 명령하라고 말씀하셨어요.

모세는 사람들을 불러 모았어요. 그런데 이스라엘 백성 때문에 화가 난 모세는 그만 반석에게 명령하는 대신에 지팡이로 반석을 두 번 쳤어요. 물이 나오기는 했지만 하나님은 모세와 아론이 하나님께 불순종한 것에 대해 분노하셨어요. 하나님은 모세와 아론이 이스라엘 백성을 약속의 땅으로 인도하지 못할 것이라고 말씀하셨어요.

이스라엘 백성은 계속해서 광야를 지났어요. 모세는 에돔이라는 나라의 왕에게 사람을 보내 이스라엘 백성이 그 땅을 지나가도 되는지를 물었어요. 그러나 에돔 왕은 "너희는 여기로 통과할 수 없다. 너희가 우리 땅을 지나가면 우리가 칼을 들고 나가 싸울 것이다!"라고 대답했어요. 어쩔 수 없이 이스라엘 백성은 에돔을 둘러서 지나가야 했어요. 여행은 길었고, 사람들은 투덜거리며 불평했어요. "왜 우리를 이집트에서 인도해 내어 이 광야에서 죽게 하는 것입니까? 이곳에는 먹을 것도 없고 물도 없습니다. 지겨운 만나도 더 이상 못 먹겠습니다!"

분노하신 하나님은 독사를 보내 이스라엘 백성을 물게 하셨고, 많은 사람이 죽었어요. 이스라엘 백성은 자신들이 하나님 앞에 불평해 죄를 지었다는 사실을 깨닫고 모세에게 말했어요. "여호와께 기도해 이 뱀들을 우리에게서 떠나게 해 주십시오."

모세가 백성을 위해 기도하자 하나님이 살 수 있는 방법을 알려 주셨어요. "놋뱀을 만들어 장대 위에 매달아라. 물린 자마다 그것을 보면 살 것이다." 모세는 놋뱀을 만들어 장대 위에 매달았어요. 독사에게 물린 자들이 놋뱀을 바라보자 모두 살게 되었답니다.

●● 가스펠 링크

이스라엘 백성은 자기들의 죄 때문에 큰 어려움을 당하게 되었어요. 하나님은 이스라엘 백성을 벌하려고 독사를 보내셨지만 독사에 물린 사람들은 장대에 달린 놋뱀을 바라보면 살 수 있었어요. 우리의 죄 때문에 우리도 하나님으로부터 분리되는 큰 문제를 갖게 되었어요. 우리는 죽어야 마땅하지만 십자가에 달리신 예수님을 바라보고 믿는 사람은 하나님과 영원히 함께 살 수 있어요.

환영

도착하는 아이들을 반갑게 맞이하고 헌금, 출석, QT 등을 확인하며 격려한다. 새 친구가 있다면 소개한다. 편안한 분위기에서 안부를 물으며 오늘의 말씀과 관련된 화제로 이야기를 나눈다. 아이들에게 이번 주에 있었던 일 중에 좋았던 일 두 가지와 불만스러웠던 일 한 가지를 생각해 보라고 한다. 자발적으로 대화에 참여하도록 이끈다.

예) "이번 주에 가장 좋았던 일 두 가지와 불만스러웠던 일 한 가지가 있다면 무엇인가요?" 등.

—— 좋았던 일이 더 기억하기 쉬웠나요, 아니면 불만스러웠던 일을 생각하기가 더 쉬웠나요? 아이들의 대답을 기다린다. 하나님은 이스라엘 백성에게 좋은 것들을 많이 주셨지만, 이스라엘 백성은 하나님께 계속해서 불평을 늘어놓았답니다.

마음 열기

째깍째깍 감사 모래시계 ✱

[준비물] 하트 모양으로 자른 종이, 1~3분짜리 모래시계

① 아이들을 둥글게 앉힌 뒤 가운데에 모래시계를 세워 둔다.

② 인도자가 모래시계를 뒤집으며 "시작!"이라고 외치면 게임이 시작된다. 이때 인도자는 하트 종이를 한 아이에게 건네준다. 하트 종이를 받은 아이는 감사한 일을 이야기한 후 오른쪽에 앉은 친구에게 전달하게 한다.

③ 한 번 나온 감사한 일은 반복할 수 없다는 규칙을 설명해 준다.

④ 모래시계의 모래가 다 떨어진 순간 하트 종이를 들고 있는 아이는 탈락하거나 벌칙을 받는다.

—— 감사드릴 일이 참 많지요? 하나님은 이스라엘 백성을 이집트에서 인도해 내셨어요. 그리고 광야에서는 먹을 것과 마실 것을 주셨지요. 그럼에도 불구하고 이스라엘 백성은 하나님께 불평했어요. 그들은 하나님이 주신 많은 좋은 것들에 감사하지 않았어요. 어떤 일이 일어났는지 오늘의 성경 이야기를 함께 들어 보아요.

뱀을 만들어요 ✱

[준비물] A4 용지, 셀로판테이프, 접착식 눈알, 가위, 사인펜

① 아이들에게 A4 용지를 한 장씩 나누어 준다.

② 폭이 2cm 정도 되는 똬리 모양을 둥글게 이어 그린 뒤 가운데 부분에 뱀의 머리와 혀를 그리고 잘라서 뱀을 만든다. 원하는 대로 뱀을 짧게, 또는 길게 만들 수 있다.

③ 접착식 눈알을 붙여 뱀을 완성한다.

—— 아마도 뱀을 좋아하는 사람은 많지 않을 거예요. 하나님은 세상을 창조하시면서, 그 안에서 살아가는 모든 동물과 식물을 창조하셨어요. 뱀도 창조하셨지요. 오늘 우리는 하나님이 뱀을 사용해 이스라엘 백성에게 하나님을 신뢰할 것을 가르치셨던 일에 대해 배울 거예요.

가스펠 설교 

들어가기

[준비물] 모형 뱀

모형 뱀을 가지고 들어온다.

안녕하세요, 여러분! 오늘 체험 동물원에 새로운 동물이 들어왔어요. 어떤 동물인지 맞혀 볼래요? 맞아요, 뱀이에요! 뱀에 대한 몇 가지 사실을 알려 드릴게요.

- 뱀의 종류는 3,000종 이상이에요.
- 뱀은 남극을 제외한 모든 대륙에 살고 있어요.
- 뱀은 눈꺼풀이 없어요.
- 뱀의 턱은 유연해서 자신의 머리보다 큰 먹이도 삼킬 수 있어요.
- 뱀은 혀로 냄새를 맡아요.
- 뱀은 1년에 몇 차례 허물을 벗어요. 허물을 벗는 데는 며칠 정도 걸려요.

와, 뱀은 참 재미있는 동물이지요? 오늘의 성경 이야기에 뱀이 어떻게 등장하는지 궁금하군요. 여러분 중에 혹시 짐작이 가는 친구가 있나요?

아이들의 대답을 기다린다.

오늘의 성경 이야기를 듣기 전에 먼저 연대표를 살펴보아요.

 연대표

연대표에서 1과 "약속의 땅을 정탐했어요"를 가리킨다.

약속의 땅을
정탐했어요

눗뱀을
바라보았어요

하나님이 여리고 성을
주셨어요

죄 때문에 아이 성
전투에서 졌어요

지난주에 우리는 모세가 12명의 정탐꾼들을 가나안 땅으로 보냈던 일에 대해 배웠어요. 하나님이 이스라엘 백성에게 주겠다고 약속하셨던 땅 말이에요. 10명의 정탐꾼들은 나쁜 소식을 전했지만, 여호수아와 갈렙은 그 땅을 주겠다고 약속하신 하나님을 신뢰했어요. 불행하게도, **이스라엘 백성은 약속의 땅을 주시겠다는 하나님의 말씀을 신뢰하지 않았어요.** 그래서 하나님은 그들을 광야에서 40년간 떠돌아다니게 하셨답니다.

오늘의 성경 이야기는 이스라엘 백성이 광야를 떠돌 때 있었던 일이에요. 그들은 하나님께 불평하기 시작했어요. 그러자 하나님은 독사를 보내 이스라엘 백성을 벌하셨어요. 오늘의 성경 이야기의 제목은 "눗뱀을 바라보았어요"에요.

 성경의 초점

이스라엘 백성은 때때로 하나님이 그들에게 주신 모든 좋은 것을 잊어버렸어요. 하나님이 주신 놀라운 복을 잊어버리면 하나님이 우리를 돌보신다는 것을 더 이상 믿지 않게 된답니다. 1단원의 '성경의 초점'을 기억하나요? 아이들의 대답을 기다린다. **우리는 무엇을 믿어야 할까요? 우리는 하나님이 우리를 돌보신다는 것을 믿어요.**

 성경 이야기

이스라엘 백성은 하나님을 믿지 못했어요. 그들은 불평했고, 그 대가로 광야에서 떠돌아다니게 되었지요. 어떤 일이 일어났는지 한번 볼까요?

민수기 20장 1~20절, 21장 4~9절을 펴고, 설교 영상(지도자용 팩)을 보여 주거나 이야기 성경을 들려준다.

이스라엘 백성은 광야에서 무엇 때문에 불평했나요? 아이들의 대답을 기다린다. 그래요, 그들은 먹을 음식과 마실 물이 없다고 불평했어요. 그러면서 차라리 이집트를 떠나지 않았더라면 좋았을 것이라고 말했지요. 하나님이 자신들을 위해 어떤 놀라운 일들을 행하셨는지 모두 보았는데도 말이지요! 이스라엘 백성은 하나님을 믿지 못했지만 하나님은 선하고 신실한 분이세요. 하나님을 믿지 못하는 것은 "하나님은 말씀하

신 대로 행하실 만한 힘이 부족하시거나 선하시지 않아"라
고 말하는 것과 마찬가지예요. "하나님은 거짓말쟁이야"라
고 말하는 것과 같답니다.

그래서 하나님은 독사를 보내 이스라엘 백성을 벌하셨어요.
하나님은 의로우시지만 은혜로우신 분이기도 하세요. 하나
님은 사람들에게 살 수 있는 방법도 함께 주셨어요. 하나님
은 모세에게 놋뱀을 만들어 장대에 달라고 하셨어요. **하나
님은 이스라엘 백성이 놋뱀을 바라보면 살 것이라고 말씀
하셨어요.**

복 / 습 / 질 / 문

1 민수기 20~21장에서 이스라엘 백성이 불평한 내용은 무엇인가요?

먹을 것도, 마실 물도 없다고 불평했다 (민 20:5)

2 하나님은 모세에게 어떻게 해서 물을 내리고 말씀하셨나요?

반석에게 "물을 내라"라고 명령하라고 하셨다 (민 20:8)

3 모세는 어떻게 하나님께 불순종했나요?

반석에게 명령해 물을 내는 대신 지팡이로 반석을 두 번 쳤다

(민 20:11)

4 이스라엘 백성이 불평하자 하나님은 그들에게 무엇을 보내셨나요?

독사(불뱀) (민 21:6)

5 독사에 물린 이스라엘 백성은 어떻게 살 수 있었나요?

장대에 달린 놋뱀을 바라보면 살 수 있었다 (민 21:9)

6 **우리는 무엇을 믿어야 할까요?**

우리는 하나님이 우리를 돌보신다는 것을 믿어요.

이스라엘 백성은 자기들의 죄 때문에 큰 어려움을 당하게 되
었어요. 하나님은 이스라엘 백성을 벌하려고 독사를 보내셨
지만 뱀에 물린 사람들은 장대에 달린 놋뱀을 바라보면 살
수 있었어요. 우리의 죄 때문에 우리도 하나님으로부터 분
리되는 큰 문제를 갖게 되었어요. 우리는 죽어야 마땅하지
만 십자가에 달리신 예수님을 바라보고 믿는 사람은 하나님
과 영원히 함께 살 수 있어요.

 ## 복음 초청

이 시간 예수님을 마음에 모시고 싶은 친구는 함께 기도해요.

 ## 기도

죄를 지은 이스라엘 백성에게 살 수 있는 방법을 알려 주신
하나님, 예수님을 이 땅에 보내 주셔서 우리에게도 살 수 있
는 길을 열어 주셔서 감사합니다! 아이들이 예수님을 바라
봄으로 구원을 얻을 수 있도록 도와주세요. 예수님의 이름
으로 기도합니다. 아멘.

 ## 적용

TIP 설교 도입이나 적용으로 활용하거나 영상을 본 뒤 소그룹에서 풍성한 대화를
이어 갈 수 있습니다.

다음 영상을 보면서 도움이 필요했던 순간이 언제였는지 함
께 생각해 보도록 해요.

적용 예화 영상(지도자용 팩)을 보여 준다.

에밀리아노는 두드러기를 치료하기 위해 코치님, 선생님, 친
구를 찾아가야 할까요? 아니라면 왜인가요? 아이들의 대답을 기
다린다. 독사에 물린 이스라엘 백성은 장대에 달린 놋뱀을 바
라보았어요. 맞는 행동이라고 생각하나요? 하나님은 왜 이
스라엘 백성에게 장대에 달린 놋뱀을 바라보라고 말씀하셨
을까요? 이스라엘 백성에게 정말 필요한 것은 무엇이었나
요? (이스라엘 백성은 하나님을 신뢰해야 했어요.)

그들은 스스로를 살릴 수 없었어요. **하나님은 이스라엘 백성
이 놋뱀을 바라보면 살 것이라고 말씀하셨어요.** 죄는 독사에
게 물린 것처럼 우리에게 독을 퍼뜨려요. 죄는 우리를 하나
님으로부터 분리시켜요. 우리는 스스로를 죄에서 구원하지
못해요. 우리는 우리 죄를 위해 십자가에 달리신 예수님을
바라보아야 해요. 어떤 사람들은 착한 일을 많이 하거나 나
쁜 일을 하지않음으로써 스스로를 구원하려고 해요. 그런데
그것이 가능할까요? 아니에요! 우리는 살아 계신 예수님을
바라보아야만 살 수 있다는 사실을 친구들에게 말해 주세요.

가스펠 소그룹 10~20분

나침반

모세의 지팡이

[준비물] 학생용 교재 12쪽, 색연필이나 연필, 지팡이, 포스트잇, 사인펜

① 빈칸에 적힌 흐린 글씨를 따라 쓰며 여호수아 1장 9절 말씀을 완성하게 하고, 여러 번 읽으며 익히게 한다.

— 여호수아가 어디로 가든 하나님이 그와 함께하겠다고 약속하신 말씀이에요. 예수님을 믿으면 성령님이 우리에게 오셔서 우리와 항상 함께하세요.

② 포스트잇의 접착 면 아래쪽에 암송 구절 단어를 각각 나누어 적은 뒤 접착 면이 위를 향하도록 바닥에 흩어 둔다.

③ 아이들을 한 줄로 세우고 맨 앞에 선 아이에게 지팡이를 준다. 인도자의 "시작!" 신호에 맞추어 암송 구절의 첫 단어가 적힌 포스트잇을 찾아 지팡이에 붙인 뒤 손에 들고 있게 한다. 다음 아이에게 지팡이를 전달해 이어지는 암송 구절 단어를 찾아 같은 방식으로 게임을 진행한다.

④ 지팡이가 하나 이상 있다면 팀으로 나누어 게임을 진행하면 좋다. 이때 단어 포스트잇 세트는 팀 숫자에 맞추어 준비한다. 암송 구절 단어 포스트잇을 먼저 배열하는 팀이 승리한다.

TIP 지팡이 대신 신문지를 돌돌 말아서 박스 테이프로 마감해 사용해도 좋다.

— 하나님은 모세의 지팡이를 통해 여러 기적을 행하셨어요. 사람들은 그 기적을 보고 하나님이 모세와 함께하신다는 것을 알 수 있었지요. 하지만 모세는 바로 그 지팡이를 통해 하나님께 불순종하고 말았어요.

보물 지도

몸짓으로 말해요 *

[준비물] 색인 카드 2세트, 사인펜

① '불평', '반석의 물', '에돔 주변', '독사에게 물림', '장대에 달린 놋뱀'이라고 쓴 카드를 2세트 만들어 둔다. 1세트는 아이들에게 주고, 1세트는 인도자가 갖는다.

② 자원자를 뽑아 인도자가 가진 카드 중에 한 장을 골라 몸짓으로 설명하게 한다.

③ 나머지 아이들은 친구의 몸짓을 보고 카드에서 정답을 찾게 한다.

민수기 20~21장에서 이스라엘 백성은 무엇을 불평했었나요? 첫째, 마실 물이 없어서였지요. 하나님은 모세와 아론에게 반석에게 "물을 내라"라고 명령하라고 하셨어요. 그러나 화가 난 모세는 하나님이 말씀하신 대로 반석에게 명령하는 대신 지팡이로 반석을 두 번이나 쳤어요. 결국 모세는 아론과 함께 약속의 땅에 들어가지 못하게 되었답니다.

이스라엘 백성의 두 번째 불평은 무엇이었나요? 만나가 너무 질려서 못 먹겠다고 했어요. 하나님은 독사를 보내 벌하셨지만, 그들이 살 수 있는 방법도 알려 주셨어요. **하나님은 이스라엘 백성이 놋뱀을 바라보면 살 것이라고 말씀하셨어요.** 그들에게는 믿음이 필요했어요! 우리는 죄와 죽음의 형벌에서 어떻게 살게 되었나요? 하나님은 아들이신 예수님을 보내셔서 십자가에서 죽으시고 부활하게 하셨어요. 그로써 예수님을 믿는 사람들이 죄를 용서받을 수 있게 해 주셨지요.

탐험하기

놋뱀 암호를 풀어라

[준비물] 학생용 교재 13쪽, 연필

우리는 무엇을 믿어야 할까요?
우리 는 하나님이
우리를 돌보신다 는 것을
믿어요 .

① 놋뱀 암호를 풀어 빈칸을 채워 이스라엘 백성이 기억해야 했던 메시지를 찾아보게 한다. 그 메시지는 1단원 '성경의 초점'의 답이다.

② 우리 삶에서도 이 메시지를 기억했으면 좋았겠다고 생각되는 경험이 있다면 나누어 보게 한다.

— 우리는 무엇을 믿어야 할까요? 우리는 하나님이 우리를 돌보신다는 것을 믿어요.

광야 장애물을 통과하라 *

[준비물] 박스 테이프, 줄넘기, 리본 끈, 옷걸이, 책상이나 의자 등 예배실에 있는 다양한 가구들

① 예배실에 있는 다양한 가구들을 이용해 장애물 코스를 만든다. 박

스 테이프를 예배실 바닥에 붙여 아이들이 따라갈 길을 만든다.

② 길을 따라 모두 4개의 지점을 만든다.

　예)·지점 1 : 모세가 반석을 지팡이로 쳤듯이 의자나 책상을 빠른 속도로 10회 두
　　　드려야 한다.

　　　·지점 2 : 이스라엘 백성이 에돔을 둘러서 지나갔듯이 책상이나 의자 주위를
　　　　둘러서 가야 한다. 이때 길을 복잡하게 지나가도록 설치한다.

　　　·지점 3 : 바닥에 놓인 뱀들(줄넘기)을 피해야 한다.

　　　·지점 4 : 리본 끈으로 만든 뱀을 던져서 옷걸이에 걸어야 한다.

③ 아이들을 출발선 뒤로 한 줄로 세운 뒤 한 명씩 장애물 코스를 통
　과하게 한다. 시간을 재서 누가 가장 빨리 통과하는지 가려도 좋다.

━━━ 이스라엘 백성은 하나님께 불순종함으로써 많은 장애
물을 만나게 되었어요. 그들은 하나님을 신뢰하지 않았거든
요. **우리는 무엇을 믿어야 할까요? 우리는 하나님이 우리를
돌보신다는 것을 믿어요.**

감사 나무 만들기 *

[준비물] A4 용지, 포스트잇, 색연필, 사인펜

① A4 용지를 나누어 주고, 종이 가득 나무 한 그루를 그리게 한다.

② 포스트잇 한 장당 감사한 일을 하나씩 적어 나무에 붙이라고 한다.

③ 가장 많은 감사의 열매를 맺은 친구를 찾아 소개하고, 서로 감사
　한 일을 나누는 시간을 가진다.

━━━ 하나님은 우리를 여러 가지 방법으로 축복하셨어요.
감사할 일이 정말 많지요? 하지만 때때로 나쁜 일이 있거나
화가 날 때는 하나님이 주신 것들에 기뻐하고 감사하기가 어
려워요. 그때는 감사 나무를 보면서 하나님께 감사할 일을
떠올리세요. 성경은 온갖 좋은 은사와 온전한 선물은 다 위
에서, 즉 하나님으로부터 내려온다고 말해요(약 1:17). 하나님
이 우리에게 주신 가장 좋은 선물은 예수님이세요. 예수님
은 십자가에서 죽으시고 살아나셨어요. 우리는 예수님을 믿
으면 우리의 죄를 용서받을 수 있답니다.

🎁 보물 상자

나만의 기록장

[준비물] 학생용 교재 14쪽, 연필이나 색연필

① 하나님을 바라보며 기다렸을 때 하나님이 도와주신 적이 있는지

생각해 보고 그림이나 글로 표현하게 한다.

② '감사'라고 크게 적고 예쁘게 꾸미게 한다.

③ 시간 여유가 있다면 아이들의 기도 제목을 받거나 학생용 교재의
　성경 이야기 그림을 색칠하게 해도 좋다.

━━━ '성경의 초점'을 다시 한 번 복습해 보아요. **우리는 무
엇을 믿어야 할까요? 우리는 하나님이 우리를 돌보신다는
것을 믿어요.** 하나님이 하신 모든 좋은 일을 생각해 보세요.
그러면 하나님이 계속해서 우리를 돌보신다는 사실을 믿게
될 거예요.

메시지 카드

이번 주 메시지 카드로 부모님과 함께 오늘 배운 성경 이야기를 나
누어 보라고 한다.

기도

하나님, 이스라엘 백성이 놋뱀을 보고 살 수 있게 해 주셔서
감사합니다. 우리 또한 예수님을 바라보고 믿음으로 우리의
죄를 용서받을 수 있습니다. 우리에게 믿음을 주세요. 아직
예수님을 알지 못하는 친구들에게도 함께해 주셔서 친구들
이 예수님을 바라보고 구원받을 수 있도록 도와주세요. 예
수님의 이름으로 기도합니다. 아멘.

3

하나님이
여리고 성을
주셨어요

수 2~4장, 6장

약속의 땅으로 향하는 이스라엘 백성 앞에 놓여 있던 단 하나의 장애물은 요단 강이었습니다. 여호수아와 이스라엘 백성이 요단 강가에 도착했을 때 요단 강은 봄비와 눈이 녹아 흐른 물로 범람해 있었습니다. 다른 시기였다면 요단 강을 건너는 것이 어렵지 않았겠지만 물이 불어난 강을 건너는 것은 홍해를 건너는 것만큼이나 어려운 일이었습니다. 그러나 하나님은 이스라엘 백성이 요단 강을 마른 땅으로 건너게 하셨고, 그들을 약속의 땅으로 인도하셨습니다.

이제 이스라엘 백성이 해야 할 일은 가나안 족속을 정복하는 것이었습니다. 이스라엘 백성은 여리고로 향했습니다. 여리고의 사람들은 하나님과 하나님이 이스라엘 백성을 위해 행하신 일을 전해 들었습니다. 그들은 하나님의 능력을 알았기에 하나님과 맞서려 하지 않았습니다.

여호수아는 여리고로 두 명의 정탐꾼들을 보냈습니다. 여리고에 살던 라합이라는 기생은 그들을 여리고 사람들로부터 안전하게 숨겨 주었습니다. 라합은 하나님 편에 섰습니다. 그러고는 이스라엘 백성이 그 도시를 점령할 때 자신과 가족을 살려 달라고 부탁했습니다.

이스라엘 백성은 믿음으로 여리고 전쟁에 임했습니다. 그들은 하나님의 지시에 순종해 성 주위를 매일 한 번씩 엿새 동안 돌았습니다. 이때 아무 말도 해서는 안 되었습니다. 6일 동안은 아무 일도 일어나지 않았습니다. 7일째가 되자 이스라엘 백성은 나팔을 불며 외쳤습니다.

여호수아는 이스라엘 백성에게 자세한 지시를 내렸고, 라합과 가족을 제외한 도시의 모든 것을 파괴하라고 했습니다. 이스라엘 백성은 어떤 물건에도 손댈 수 없었습니다. 오직 하나님만이 그들의 필요를 채워 주실 것이었습니다. 그들은 여리고 성을 강탈할 필요가 없었습니다.

● ● 티칭 포인트

아이들에게 하나님이 이스라엘 백성을 위해 싸우셨고, 그들을 약속의 땅으로 인도하셨다는 사실을 알려 주십시오. 하나님이 이스라엘 백성을 위해 여리고 전쟁에서 이기신 것처럼 예수님은 모든 대적과 싸워 이기셨고, 믿는 자들을 영원한 약속의 땅으로 인도해 주신다고 말해 주십시오.

주제

하나님은 이스라엘 백성을 위해 싸우셨고, 그들을 약속의 땅으로 인도하셨어요.

가스펠 링크

예수님은 모든 대적과 싸워 이기셨고, 믿는 자들을 영원한 약속의 땅으로 인도하세요.

하나님이 여리고 성을 주셨어요 수 2~4장, 6장

모세가 죽은 후, 여호수아가 이스라엘 백성의 인도자가 되었어요. 하나님은 여호수아에게 아브라함의 후손에게 주겠다고 약속하신 땅에 들어갈 때가 되었다고 말씀하셨어요. 그런데 그 땅에는 이미 다른 사람들이 살고 있었어요. 이스라엘 백성은 그들과 싸워서 이겨야 했답니다.

여호수아는 여리고 성을 정탐하기 위해 두 명의 정탐꾼들을 보냈어요. 그들은 라합이라는 여인의 집에 머물렀어요. 정탐꾼들의 소식이 여리고 왕에게까지 들어갔어요. 라합은 정탐꾼들을 지붕에 안전하게 숨겼지요. 라합은 하나님이 이집트의 파라오에게 하신 일을 듣고 하나님을 믿고 있었거든요. 라합은 하나님의 백성을 돕고 싶어 했어요.

정탐꾼들은 이스라엘이 그 도시를 점령할 때 라합과 가족을 살려 주기로 약속했어요. 라합은 정탐꾼들과 약속한 대로 붉은 줄을 창문에 매서 이스라엘 백성이 라합의 집을 알 수 있게 했어요. 그 후 정탐꾼들은 여리고를 떠나 여호수아에게로 향했고, 자신들이 겪은 모든 일을 이야기해 주었어요.

이제 이스라엘 백성은 요단 강으로 향했어요. 요단 강은 약속의 땅으로 향하는 길 마지막에 위치해 있었어요. 그들은 넓고 깊은 요단 강 옆에 머물렀어요. 하나님이 지시하신 대로 이스라엘 백성은 요단 강을 건널 준비를 했어요. 여호수아가 말했어요. "하나님이 우리와 함께하십니다. 하나님은 모든 대적을 반드시 쫓아내실 것입니다." 제사장들은 언약궤를 메고 요단 강가에 섰어요. 제사장들의 발이 물가에 잠기자 위에서부터 흘러내리던 물이 멈추었어요. 이스라엘 백성은 요단 강을 마른 땅으로 건넜어요.

이스라엘 백성이 요단 강을 모두 건너자 여호수아는 각 지파에서 한 사람씩을 뽑아 요단 강에서 각각 돌 한 개씩 모두 12개를 가져오게 했고, 하나님이 이스라엘 백성을 위해 강을 멈추신 일을 기념하기 위한 기념비를 세웠어요. 마지막으로 언약궤를 멘 제사장들이 발바닥으로 육지를 밟는 동시에 요단 물이 다시 흐르기 시작했고, 전처럼 언덕에 넘쳤어요.

하나님은 여호수아에게 말씀하셨어요. "너희는 앞으로 6일 동안 성 주위를 매일 한 번씩 돌아라. 일곱째 날에는 일곱 번을 돌아라. 그날 제사장들이 나팔을 길게 불면 온 백성이 다 큰 소리로 외쳐라. 그러면 여리고 성벽이 무너질 것이니 이스라엘 백성은 올라가서 성을 정복하라."

여호수아는 하나님이 말씀하신 대로 했어요. 이스라엘 백성은 6일 동안 매일 성 주위를 한 번씩 돌았어요. 일곱째 날에는 일곱 번 돌았지요. 일곱 번째 돌 때 제사장들이 나팔을 길게 불자 여호수아가 백성에게 말했어요. "외치십시오! 하나님이 우리에게 이 성을 주셨습니다!" 그러자 이스라엘 백성은 소리를 질렀고 성벽이 와르르 무너져 내렸어요. 이스라엘 백성은 여리고 성으로 들어가 그 성을 정복했어요. 그들은 성안의 모든 것을 파괴했지만 라합과 가족은 살려 주었어요.

● ● 가스펠 링크

하나님은 이스라엘 백성을 위해 싸우셨고, 그들을 약속의 땅으로 인도하셨어요. 하나님이 이스라엘 백성을 위해 여리고 전쟁에서 이기신 것처럼 예수님은 모든 대적과 싸워 이기셨고, 믿는 자들을 영원한 약속의 땅으로 인도하세요.

환영

도착하는 아이들을 반갑게 맞이하고 헌금, 출석, QT 등을 확인하며 격려한다. 새 친구가 있다면 소개한다. 편안한 분위기에서 안부를 물으며 오늘의 말씀과 관련된 화제로 이야기를 나눈다. 기억에 남는 놀라운 일이나 자랑하고 싶을 정도로 재밌었던 경험에 대해 이야기를 나누어 본다. 자발적으로 대화에 참여하도록 이끈다.

예) "놀라운 경험을 한 적이 있나요?", "자랑하고 싶은 경험이 있다면 이야기해 줄래요?" 등.

―― 오늘 우리는 이스라엘 백성이 하나님께 순종해서 놀라운 일을 경험했던 사건에 대해 배울 거예요.

마음 열기

스파이 게임 *

[준비물] 작은 물건

① 아이들을 둥글게 앉힌 뒤 양손을 등 뒤로 모으고 손바닥을 위로 편 채 눈을 감으라고 한다.

② 인도자는 아이들 주위를 걸어 다니다가 한 아이의 손바닥에 작은 물건을 올려놓는다. 이때 다른 아이들이 눈치채지 못하도록 유의하고, 물건을 받은 아이는 얼른 주먹을 쥐어 감추라고 말해준다.

③ 인도자는 또다시 아이들 주위를 걸어 다니다가 한 아이의 어깨를 살짝 건드려 스파이라는 사실을 알린다.

④ 아이들에게 모두 눈을 뜨라고 한 뒤 스파이를 가운데 세워 물건을 가진 아이가 누구인지 맞혀 보게 한다.

⑤ 시간 여유가 있다면 게임을 반복한다.

―― 오늘 성경 이야기에는 여리고 성을 몰래 살펴보고 온 두 명의 정탐꾼들이 나오는데, 그들은 아주 중요한 일을 했어요. '정탐꾼'이란 '스파이'라는 뜻이에요. 40년 전에 약속의 땅에 처음 들어갔던 10명의 정탐꾼들은 하나님을 신뢰하지 않았지만, 두 명의 정탐꾼들은 하나님이 그들과 함께하신다는 것을 알고 있었어요. 오늘의 성경 이야기를 잘 듣고 무슨 일이 있었는지 함께 알아보아요.

나팔 만들기 *

[준비물] 키친타월 심, 크레파스나 색연필이나 사인펜, 스티커, 보석 모양의 액세서리, 양면테이프

① 키친타월 심을 다양한 미술 도구로 꾸며 나팔을 만들어 보게 한다.

② 아이들이 창의적으로 장식하게 한다.

―― 나팔이 모두 독특하고 예쁘네요. 여러분처럼요! 하나님은 여러분 각자를 위한 특별한 계획을 갖고 계세요. 가끔씩 하나님의 계획은 우리를 놀라게 하기도 하지요. 오늘의 성경 이야기에서 이스라엘 백성은 하나님의 계획에 놀랐어요. 하나님이 나팔을 사용해 하나님의 계획을 이루신 일에 대해 함께 들어 볼까요?

 들어가기

[준비물] 여우 인형이나 여우 그림을 넣은 상자

여우 인형이나 여우 그림을 넣은 상자를 들고 들어온다.

안녕하세요, 여러분! 체험 동물원에 다시 오신 여러분을 환영합니다. 오늘 여러분에게 소개할 새 동물은 무엇일까요? 힌트를 줄 테니 한번 맞혀 보세요. 조금 어려울 수 있어요.

- 작은 포유류이고 뾰족한 코와 귀, 그리고 털이 많이 달린 꼬리가 있어요.
- 사람들은 이 동물을 사냥해요.
- 교활하고 영리하다고 알려져 있어요.

혹시 이 동물이 무엇인지 아는 친구가 있나요? 아이들의 대답을 기다린다. 맞아요, 여우예요! 잘했어요! 상자를 열어서 정답을 확인시켜준다. 하나님은 모든 창조물마다 각기 다른 특징과 성격을 주셨어요. 우리는 여우에게서 많은 것을 배울 수 있답니다.

 연대표

지난 2주간 우리가 배운 것을 살펴볼게요. 연대표를 함께 보아요. 연대표에서 "약속의 땅을 정탐했어요"를 가리킨다.

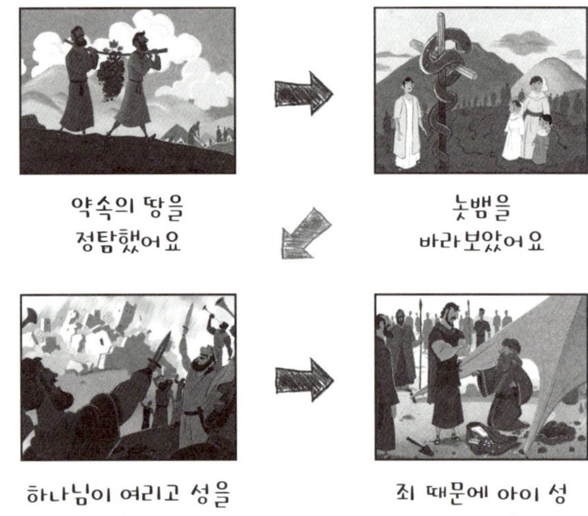

약속의 땅을 정탐했어요

놋뱀을 바라보았어요

하나님이 여리고 성을 주셨어요

죄 때문에 아이 성 전투에서 졌어요

여호수아와 갈렙은 하나님이 약속의 땅을 주실 것을 믿었어요. 그러나 **이스라엘 백성은 약속의 땅을 주시겠다는 하나님의 말씀을 신뢰하지 않았어요.** 하나님은 이스라엘 백성을 벌하셔서 광야에서 40년을 떠돌아다니게 하셨어요.

지난주에는 이스라엘 백성이 광야에서 하나님께 불평했던 일에 대해 배웠어요. 연대표에서 "놋뱀을 바라보았어요"를 가리킨다. 하나님은 독사를 보내셔서 그들을 물게 하셨어요. 그러나 이스라엘 백성이 놋뱀을 바라보면 살 수 있게 해 주셨지요. 오늘의 성경 이야기에서 이스라엘 백성은 약속의 땅으로 다시 돌아왔어요. 그들이 처음 향한 도시는 여리고 성이었어요. 여호수아는 두 명의 정탐꾼들을 보내 여리고 성을 살피게 했어요.

 성경의 초점

이스라엘 백성이 광야에서 떠돌아다녔던 40년 동안 약속의 땅을 주시겠다는 하나님의 말씀을 신뢰하지 않았던 모든 사람이 죽었어요. 이제 여호수아와 갈렙, 그리고 이스라엘의 새로운 세대가 약속의 땅에 들어갈 때가 되었어요. 그들은 하나님의 약속을 믿었을까요? '성경의 초점' 질문과 답을 함께 해 볼까요? **우리는 무엇을 믿어야 할까요? 우리는 하나님이 우리를 돌보신다는 것을 믿어요.**

 성경 이야기

여호수아 2~4장, 6장을 펴고, 설교 영상(지도자용 팩)을 보여 주거나 이야기 성경을 들려준다.

정말 흥미로운 이야기예요! 정탐꾼, 요단 강이 갈라지는 기적, 그리고 전쟁에서의 승리! 이 모든 것은 하나님과 하나님의 계획을 믿을 때 일어날 수 있어요. 지난주의 성경 이야기와 정말 다르지요? 지난주의 성경 이야기에서는 이스라엘 백성이 하나님을 믿지 못했거든요.

오늘 우리는 여우를 만났어요. 오늘의 성경 이야기에서 여우처럼 영리한 사람이 있었는데 누구인지 아는 친구가 있나요?(라합) 맞아요, 라합이에요! 라합은 정탐꾼들을 얼른 지붕에 숨겼어요. 그리고 왕의 군사들에게 그들이 어두워서 성문을 닫을 때쯤 되어 나가 어디로 갔는지 모른다고 말했어요. 군사들은 정탐꾼들을 급히 쫓아갔어요.

그 후 라합이 지붕에 올라가 정탐꾼들에게 무엇이라고 말했나요? 아이들의 대답을 기다린다. 라합은 여리고 성의 사람들이 하나님이 이스라엘 백성을 출애굽시키고 홍해를 건너게 하신 일과 대적들을 멸하신 일에 대해 다 들어서 알고 있다고 말했어요. 라합은 하나님이 이스라엘 백성에게 이 땅을 주실 것을 알았어요. 그리고 하나님을 따르고 싶어 했지요! 오늘의 성경 이야기에는 두 가지의 놀라운 기적이 등장해요. '기적'이란 '사람의 힘으로 할 수 없는 일이 이루어진 것'을 말해요. 하나님이 어떤 기적을 행하셨나요? 아이들의 대답을 기다린다. 맞아요, 요단 강을 가르신 것과 여리고 성을 무너뜨리신 일이지요. 하나님은 모든 사람에게 하나님의 능력을 보이셨어요. 이스라엘 백성이 할 일은 오직 하나, 하나님을 믿는 것뿐이었답니다.

하나님은 이스라엘 백성을 위해 싸우셨고, 그들을 약속의 땅으로 인도하셨어요. 하나님이 이스라엘 백성을 위해 여리고 전쟁에서 이기신 것처럼 예수님은 모든 대적과 싸워 이기셨고, 믿는 자들을 영원한 약속의 땅으로 인도하세요.

복 / 습 / 질 / 문

1️⃣ 여호수아는 몇 명의 정탐꾼들을 여리고 성으로 보냈나요?

　두 명 (수 2:1)

2️⃣ 정탐꾼들을 지붕에 숨겨 준 사람은 누구인가요?

　라합 (수 2:6)

3️⃣ 요단 강을 건널 때 가장 처음 들어간 사람들은 누구인가요?

　언약궤를 멘 제사장들 (수 3:15~16)

4️⃣ 여호수아는 몇 개의 돌로 요단 강을 건넌 사건을 기념했나요?

　12개 (수 4:2~3)

5️⃣ 여리고 성 전투에서 싸운 분은 누구이신가요?

　하나님은 이스라엘 백성을 위해 싸우셨고, 그들을 약속의 땅으로 인도하셨어요.

6️⃣ 우리는 무엇을 믿어야 할까요?

　우리는 하나님이 우리를 돌보신다는 것을 믿어요.

 ## 복음 초청

성경과 37쪽 복음 초청 가이드를 이용해서 아이들에게 그리스도인이 되는 법을 설명해 준다. 따로 상담해 줄 사람을 정해 주고 궁금한 점이 있으면 물어보도록 격려한다.

이 시간 예수님을 마음에 모시고 싶은 친구는 함께 기도해요.

 ## 기도

사랑하는 하나님, 이스라엘 백성을 약속의 땅으로 이끄시겠다는 약속을 지켜 주셔서 감사합니다. 그리고 그들을 위해 대신 싸워 주셔서 감사합니다. 우리가 하나님의 계획을 이해할 수 없는 순간에도 우리와 항상 함께 계시고 인도하신다는 사실을 믿을 수 있도록 도와주세요. 하나님이 우리의 삶에서 놀라운 방법으로 일하시도록 맡겨 드리는 믿음의 사람이 되게 해 주세요. 예수님의 이름으로 기도합니다. 아멘.

 ## 적용

TIP 설교 도입이나 적용으로 활용하거나 영상을 본 뒤 소그룹에서 풍성한 대화를 이어 갈 수 있습니다.

사람들은 어떤 일에 도움을 받기보다는 혼자 하고 싶어 할 때가 있어요. 그 이유가 무엇일까요? 다음 영상을 보면서 생각해 보세요.

적용 예화 영상(지도자용 팩)을 보여 준다.

넬은 도움을 받았어야 했나요? 넬은 왜 도움을 받기 싫어했나요? 아이들의 대답을 기다린다.

아이들에게 왜 하나님이 여리고 성을 신기한 방법으로 정복하게 하셨는지에 대해 생각해 보라고 한다. 이스라엘 백성은 성 주위를 도는 것이 여리고 성을 정복하는 데 어떤 도움이 될지 몰랐지만 하나님의 말씀에 순종했다. 아이들에게 이 점을 강조해서 말해 준다.

약속의 땅으로 가는 동안 이스라엘 백성은 하나님을 신뢰했을까요? 하나님의 백성이 스스로의 힘으로 대적들과 싸우려고 했다면 그들은 실패했을 거예요. 그들은 스스로를 믿는 대신에 약속의 땅을 주시겠다는 하나님의 말씀을 신뢰했어요. **우리는 무엇을 믿어야 할까요? 우리는 하나님이 우리를 돌보신다는 것을 믿어요.** 이번 주에 우리가 하나님을 신뢰할 수 있는 방법에는 어떤 것이 있을까요?

가스펠 소그룹 10~20분

나침반

기억의 돌을 쌓아라

[준비물] 학생용 교재 18쪽, 81쪽 '기억의 돌' 스티커, 1단원 암송(107쪽)

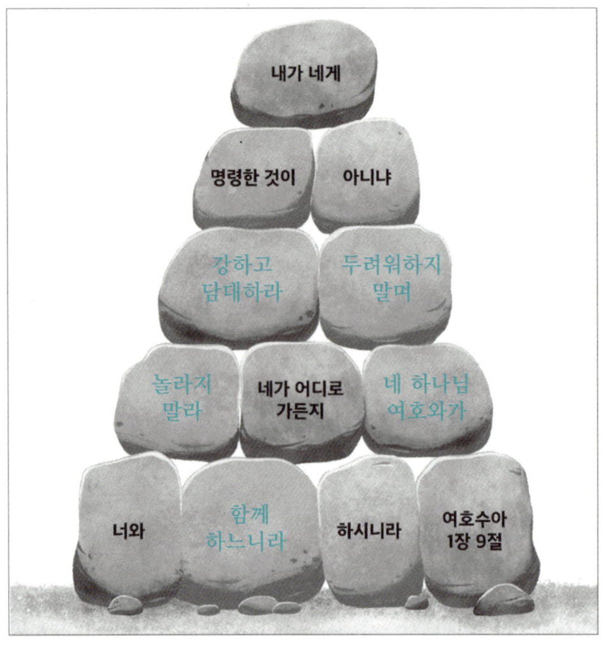

① 학생용 교재 81쪽 '기억의 돌' 스티커를 떼어 알맞은 곳에 붙여 여호수아 1장 9절 말씀을 완성하게 한다.

② 12개의 돌 쌓기를 모두 완성하면 함께 1단원 암송을 읽는다.

— 여호수아는 하나님의 말씀을 기억했어요. 그리고 하나님이 언제나 자신과 함께하신다는 사실을 믿었어요. 하나님은 우리와 언제나 함께하시고 우리를 돌보신다고 약속하셨어요. 꼭 기억하세요! 하나님은 약속하신 것을 반드시 지키시는 분이랍니다.

보물 지도

12개의 기념비 세우기

[준비물] 성경, 회색 폼보드, 칼

① 회색 폼보드를 12개로 잘라 12개의 돌을 만들어 놓는다.

② 성경에서 여호수아 2~4장, 6장을 펴고 다음 질문을 이용해 성경 이야기를 간략하게 복습한다.

1 여호수아는 몇 명의 정탐꾼들을 여리고 성으로 보냈나요?

두 명 (수 2:1)

2 정탐꾼들을 집에 숨겨 준 사람은 누구인가요?

라합 (수 2:1)

3 라합은 정탐꾼들을 어디에 숨겼나요?

지붕 (수 2:6)

4 정탐꾼들은 어떻게 여리고 성에서 탈출했나요?

라합이 그들을 창문에서 줄로 달아 내렸다 (수 2:15)

5 정탐꾼들은 라합에게 무엇을 약속했나요?

창문에 붉은 줄을 매고 가족을 다 집에 모으면 안전할 것이라고 약속했다 (수 2:18~19)

6 요단 강을 건널 때 가장 처음 들어간 사람들은 누구인가요?

언약궤를 멘 제사장들 (수 3:15~16)

7 제사장들이 멘 것은 무엇인가요?

언약궤 (수 3:14)

8 여호수아는 몇 개의 돌을 세워서 요단 강을 건넌 사건을 기념했나요?

12개 (수 4:2~3)

9 이스라엘 백성은 여리고 성 주위를 하루에 한 번씩 며칠 동안 행진했나요?

6일 (수 6:14)

10 일곱째 날에는 여리고 성 주위를 몇 번 돌았나요?

일곱 번 (수 6:15)

11 여호수아는 일곱째 날 이스라엘 백성에게 여리고 성에서 무엇을 하라고 명령했나요?

라합과 가족을 제외하고 성에 있는 모든 것을 멸하라고 했다 (수 6:21~22)

12 우리는 무엇을 믿어야 할까요?

우리는 하나님이 우리를 돌보신다는 것을 믿어요.

③ 이스라엘 백성이 하나님의 인도하심으로 요단 강을 건넌 후 기념비를 세운 것처럼 폼보드로 만든 돌을 세워 기념한다.

— 중요한 일을 잊지 않는 방법 중에 하나는 기념비를 세우는 거예요. 여호수아는 이스라엘 백성에게 기념비를 만들어 후손이 하나님이 하신 일을 기억하도록 했어요. 하나님이 이스라엘 백성을 위해 여리고 전쟁에서 이기신 것처럼 예수님은 모든 대적과 싸워 이기셨고, 믿는 자들을 영원한 약속의 땅으로 인도하세요.

 ## 탐험하기

여리고 성벽에서 단어를 찾아라

[준비물] 학생용 교재 19쪽, 연필

① 질문의 답을 성벽에서 찾아 ○표 하고, 빈칸에 적게 한다.

1. 약속의 땅에 들어갈 때 이스라엘 백성을 이끈 지도자는 누구인가요?

   여 호 수 아

2. 약속의 땅인 가나안에 들어갈 때 이스라엘 백성은 무슨 강을 건넜나요?

   요 단 강

3. 그 강을 건널 때 앞장선 사람들은 누구인가요? 그들은 무엇을 메고 갔나요?

   제 사 장 들, 언 약 궤 (수 3:14)

4. 강을 건넌 뒤 기념으로 세운 돌은 모두 몇 개인가요?

   12 개 (수 4:8~9)

5. 정탐꾼들은 라합에게 창문에 매단 무엇을 보고 구해 주겠다고 약속했나요?

   붉 은 줄 (수 2:18~21, 6:22~23)

6. 전쟁을 치르지 않고 성벽 주위를 7일 동안 돌아 정복한 크고 강한 성은 무엇인가요?

   여 리 고 성

7. 그 성을 정복할 때 여호수아는 누가 이 성을 주셨다고 말했나요?

   여 호 와 (수 6:16)

② 답을 제외하고 남은 글자들을 이어서 읽어 보게 한다. '성경의 초점' 질문과 답이다.

━━ 하나님은 여호수아와 함께하겠다고 말씀하셨어요. 약속하신 대로 **하나님은 이스라엘 백성을 위해 싸우셨고, 그들을 약속의 땅으로 인도하셨어요.** 하나님은 예수님을 믿으면 우리와 영원히 함께하겠다고 약속하셨어요. 하나님은 약속하신 모든 것을 지키시는 분이에요.

이스라엘 백성처럼 행진해요 ＊

[준비물] 장난감 나팔

━━ 여리고 성의 사람들은 이스라엘 백성이 그 땅을 정복하러 올 것을 알고 있었어요. 그들은 성벽이 자신들을 보호해 줄 것이라고 생각했어요. 그들에게 매일 성벽 주위를 한 번씩 도는 이스라엘 백성은 이상해 보였을 거예요. 이스라엘 백성의 기분은 어떠했을까요? 우리도 이스라엘 백성처럼 행진해 볼까요?

① 아이들이 군인들처럼 예배실 안을 행진하게 한다. 방해가 되지 않는다면 바깥이나 복도를 행진해도 좋다.

② 한 아이에게 나팔을 불게 한 후 재미있고 이상한 행동을 하라고 한다. 이때 여러 가지 행동을 바꾸어 가며 하라고 말해 준다.

   예) 손 흔들기, 한 발로 뛰기, 뒤로 걷기, 노래하기, 쪼그려 뛰기 등.

③ 다른 아이들은 나팔을 부는 아이의 행동을 따라 하며 뒤따라 행진하게 한다.

━━ 이스라엘 백성은 하나님이 왜 여리고 성 주위를 행진하라고 하셨는지 이해하지 못했지만 하나님의 계획을 믿었어요. 역사상 어떤 도시도 행진하거나 나팔을 분 것만으로 무너진 적이 없었어요. 그래도 이스라엘 백성은 하나님께 순종했지요. **하나님은 이스라엘 백성을 위해 싸우셨고, 그들을 약속의 땅으로 인도하셨어요.**

팔찌 만들기 ＊

[준비물] 50cm 정도의 빨간색 리본이나 털실, 셀로판테이프, 사인펜

① 아이들에게 빨간색 리본을 여섯 가닥씩 나누어 준다.

② 리본 세 가닥을 합해 한쪽 끝을 매듭짓는다.

③ 셀로판테이프를 이용해 매듭을 책상이나 바닥에 고정시킨다.

④ 아이들에게 리본을 세 가닥으로 땋는 시범을 보여 준다.

⑤ 끝까지 땋은 뒤에 매듭을 짓고, 양 끝의 매듭을 서로 묶어 팔찌를 만든다.

⑥ 남은 리본 세 가닥으로 두 번째 팔찌를 만들게 한다.

━━ 라합은 하나님이 이스라엘 백성에게 행하신 일을 들

고는 **하나님이 이스라엘 백성을 위해 싸우셨고, 그들을 약속의 땅으로 인도하실 것**을 믿었어요. 정탐꾼들이 떠나자 라합은 약속대로 창문에 붉은 줄을 매어 자신과 가족이 살 수 있는 표시를 했어요. **우리는 무엇을 믿어야 할까요? 우리는 하나님이 우리를 돌보신다는 것을 믿어요.**

이 시간, 예수님을 전하고 싶은 친구의 얼굴을 떠올려 보세요. 오늘 만든 팔찌 중에 하나를 그 친구에게 선물하고 라합이 하나님을 어떻게 신뢰했는지 이야기해 주세요.

 ## 보물 상자

나만의 기록장

[준비물] 학생용 교재 20쪽, 연필이나 색연필

① 하나님이 나의 어려움을 해결해 주신다고 느껴 본 적이 있는지 생각해 보고 그림이나 글로 표현하게 한다.

② 하나님께 감사하는 마음을 고백하는 시간을 갖는다.

우리는 무엇을 믿어야 할까요? 우리는 하나님이 우리를 돌보신다는 것을 믿어요. 우리는 때로 하나님이 왜 이 일을 하게 하시는지, 아니면 이 일을 하지 못하게 하시는지 이해할 수 없어요. 하지만 우리는 하나님이 완벽한 계획을 갖고 계시다는 사실을 믿고 있어요. 하나님은 우리를 사랑하셔서 아들이신 예수님을 이 땅에 보내시고 십자가에서 죽으시고 부활하게 하셔서 우리를 죄에서 구원하셨어요. 그리고 우리 각자의 삶의 계획을 갖고 계신답니다. 우리를 향한 하나님의 계획을 믿으세요.

메시지 카드

이번 주 메시지 카드로 부모님과 함께 오늘 배운 성경 이야기를 나누어 보라고 한다.

기도

이스라엘 백성을 위해 싸우시고 승리하신 하나님을 찬양합니다. 이 땅에 오셔서 대적을 이기시고 예수님을 믿는 사람들을 죄에서 구원해 주신 하나님께 감사드립니다. 우리를 향한 하나님의 사랑과 계획을 믿고 날마다 말씀에 순종하며 살아가게 해 주세요. 예수님의 이름으로 기도합니다. 아멘.

나를 위한 하나님의 멋진 계획

'복음'이라는 말을
들어 본 적 있니?
복음이란
'좋은 소식'이라는 뜻이야.
우리에게 보내신 하나님의
좋은 소식이 무엇일까?

하나님은 세상을 만드셨단다

하나님은 온 세상을 만드셨고 사람을 아름답게 창조하셨어.
(창세기 1:1; 골로새서 1:16~17; 요한계시록 4:11)

사람들은 죄를 짓고 하나님을 떠났어

그런데 사람들은 모두 죄를 지었고 하나님에게서 떠나 버렸어.
죄를 짓고 하나님과 관계가 끊어진 사람들은 결국 죽을 수밖에 없단다.
(로마서 3:23, 6:23)

하나님은 구원 계획을 갖고 계신단다

우리는 아무리 노력해도 하나님과 하나 될 수 없었고 죽을 수밖에
없었어. 그래서 하나님은 우리를 구원하시고 다시 살리시기 위해서
예수님을 보내 주셨단다.
(요한복음 3:16; 에베소서 2:8~9)

예수님이 우리에게 생명을 주셨어

예수님은 우리의 죄를 씻어 주시려고 십자가에서 우리 대신 죽으셨단다.
우리는 예수님 때문에 다시 깨끗해졌고 하나님과 함께 살 수 있게
되었어. 예수님이 자기의 생명을 내어 주셨기 때문에 우리는 영원한
생명을 얻을 수 있게 되었고 하나님과 함께 살 수 있게 되었어.
이것이 하나님의 최고의 선물이야!
(로마서 5:8; 고린도후서 5:21; 베드로전서 3:18)

예수님! 우리 마음에 오세요!

예수님을 믿고 마음에 받아들이면 하나님의 자녀가 된단다.
이것이 가장 좋은 소식, 복된 소식, 복음이란다.
(요한복음 1:12~13; 로마서 10:9~10, 13)

예수님을 영접하기 원하는 어린이가 있다면 개인적으로 상담하고
영접 기도를 할 수 있도록 도와주세요.
예수님이 ○○를 사랑하시는 것을 믿겠니?
예수님이 ○○의 죄를 씻어 주신 것을 믿겠니?
예수님을 ○○의 마음에 받아들이겠니?

믿음을 고백하고 예수님을 영접하기 원하는 어린이를 위해 간절히 기
도해 주세요.
이제 ○○는 하나님의 자녀(아들, 딸)가 되었어!
이것이 예수님을 통해 ○○에게 이루어 주신 하나님의 계획이야!
○○야, 하나님의 자녀(아들, 딸) 된 것을 축하해!

4

죄 때문에 아이 성 전투에서 졌어요

수 7~8장

이스라엘 백성이 여리고를 정복했을 때 하나님은 아무것도 취하지 말라고 명령하셨습니다. 여리고 성의 모든 것을 파괴하고 하나님을 위해 구별하라고 하셨습니다. 아마도 아간은 몇 가지를 따로 챙기더라도 아무도 모를 것이라고 생각했을 것입니다. 외투는 아름다웠고, 금과 은은 나중에 유용하게 쓸 법했습니다. 그는 별로 문제 될 것이 없다고 생각했습니다. 하지만 결코 그렇지 않았습니다. 하나님은 이스라엘 백성에게 완전한 순종을 요구하셨습니다.

아이 성에서 3,000명쯤의 군대가 소수의 아이 사람들에게 패했을 때 여호수아가 얼마나 놀랐을지 상상해 보십시오. 이것은 하나님이 이스라엘 백성을 대적으로부터 보호하겠다고 하신 약속을 어기신 것이 아닙니까?

다음 날 하나님은 죄지은 자가 있으며, 그가 바로 아간이라는 사실을 밝히셨습니다. 이스라엘 백성은 아간과 가족을 돌로 쳐 죽였고, 그 위에 돌무더기를 쌓아 볼 때마다 죄의 결과를 기억했습니다.

이스라엘 백성은 다시 아이 성 사람들과 전투를 벌였습니다. 이번에는 하나님이 이스라엘 백성과 함께하셨습니다. 하나님은 여리고 성을 무너뜨리셨던 것처럼 아이 성을 멸하셨습니다. 다만 이번에는 아이 성을 약탈한 뒤 물건과 가축을 취할 수 있었습니다.

아간의 이야기는 하나님이 죄를 얼마나 미워하시는지를 보여 줍니다(잠 6:16~19 참조). 하나님은 공의로우셔서 죄를 벌하십니다. 나쁜 소식은 우리 모두가 죄인이며 "죄의 삯은 사망"이라는 것입니다. 그러나 좋은 소식이 있습니다. "하나님의 은사는 그리스도 예수 우리 주 안에 있는 영생이니라"(롬 6:23).

● ● 티칭 포인트

이스라엘 백성과 함께하시는 하나님의 임재는 하나님에 대한 그들의 순종과 직접적으로 연결되어 있었습니다. 아이들에게 복음에 대해 가르칠 때 순종이 아니라 믿음만이 우리를 하나님 앞에서 의롭게 한다는 사실을 이해하도록 도와주십시오. 예수 그리스도를 믿는 믿음으로 인해 우리가 하나님과 항상 함께할 수 있고, 죄와 죽음이라는 대적에게 승리할 수 있게 되었다는 사실을 알려 주십시오.

주 제

하나님은 아간의 죄를 벌하신 뒤 아이 성에서 이스라엘 백성을 위해 싸우셨어요.

가스펠 링크

예수님은 죄를 지어 벌을 받아야 할 우리를 대신해 십자가에서 죽으셨어요. 우리는 죄를 고백하고 예수님을 믿으면 죄를 용서받고 구원받을 수 있어요.

죄 때문에 아이 성 전투에서 졌어요 수 7~8장

여호수아는 이스라엘 백성을 약속의 땅으로 인도했어요. 이스라엘 백성은 가나안에 살고 있는 사람들을 계속 무찔러야 했어요. 하나님은 이스라엘과 함께하셨고, 그들을 위해 싸우겠다고 약속하셨어요.

하나님은 이스라엘 백성이 여리고 성을 정복하도록 도우셨어요. 또한 그들이 여리고 성에서 어떻게 행해야 할지를 자세하게 알려 주셨어요. 어떤 것을 파괴해야 할지, 어떤 것을 구별해서 하나님께 드려야 할지에 대해 말씀해 주셨지요. 그러나 이스라엘 백성은 하나님의 말씀에 완전하게 순종하지 않았어요. 자신들을 위해 몇 가지 물건을 챙긴 거예요. 하나님은 모든 것을 알고 계셨지요. 하나님은 이스라엘 자손에게 화가 나셨어요. 그래서 그들이 여리고보다 훨씬 작은 아이 성에서 싸울 때 하나님은 그들을 위해 싸우지 않으셨어요. 아이 성의 군사들은 도망가는 이스라엘 백성을 뒤쫓아와 죽게 했어요.

이스라엘 백성은 두려움에 빠졌고, 여호수아는 슬퍼했어요. 그는 하나님이 왜 이스라엘이 전쟁에서 지도록 그냥 놔두셨는지 이해할 수가 없었어요. 하나님은 이렇게 말씀하셨어요. "이스라엘 백성이 죄를 지었다. 그들이 내 명령을 어기고 여리고 성에서 물건을 가져갔다. 이것이 너희가 아이 성 전투에서 진 이유다." 하나님은 여호수아에게 이스라엘 백성의 죄를 어떻게 다루어야 할지 알려 주셨어요.

다음 날 이스라엘 백성이 모이자 하나님은 누가 죄를 지었는지 여호수아에게 보여 주셨어요. 그의 이름은 아간이었어요. 아간은 자신이 여리고 성에서 아름다운 외투와 금과 은을 훔쳤다고 자백했어요. 아간이 그것들을 그의 장막 안 땅속에 감추어 두었던 거예요. 이스라엘 백성은 아간과 가족을 돌로 쳐서 죽게 했어요.

아간이 죄로 인해 벌을 받고 난 뒤 하나님은 여호수아에게 아이 성을 다시 공격하라고 말씀하셨어요. 이번에는 그들에게 승리를 주겠다고 약속하셨지요.

여호수아는 군대를 모았고, 밤에 한 무리의 군사들을 성 뒤에 숨어 있게 했어요. 다음 날 아침 일찍 나머지 군사들은 성을 향해 올라갔어요. 그들을 발견한 아이 성의 왕은 군사들을 내보냈지요. 아이 성의 군사들이 다가오자 이스라엘 군사들은 전날처럼 도망쳤어요. 그들이 두려워하는 척하자 아이 성의 군사들은 이스라엘 군사들을 뒤쫓아왔어요. 성 뒤편에 이스라엘 군대가 숨어 있는 줄 몰랐기 때문에 아이 성의 모든 군사는 성을 완전히 비워 둔 채 성문까지 열어 놓고 추격했답니다. 여호수아가 단창을 들자 숨어 있던 군사들이 성으로 들어가 불을 질렀어요. 하나님이 명하신 대로 행한 거예요. 아이 성의 군사들이 속았다는 사실을 깨달았을 때는 이미 이스라엘 군대에게 패한 뒤였지요.

여호수아는 하나님을 위해 제단을 쌓았어요. 이스라엘 백성은 하나님께 제사를 드렸고, 여호수아는 그곳에서 모세가 기록한 율법을 크게 읽었어요. 모든 사람이 모세가 이스라엘 백성에게 명했던 율법을 들었어요.

● ● 가스펠 링크

아간이 지은 죄에 대한 벌은 사망이었어요. 그가 지은 죄에 비해 너무 심한 벌 같다고요? 성경은 죄의 삯은 사망이라고 말해요(롬 6:23). 죄 때문에 죽을 수밖에 없는 우리를 위해 예수님은 대신 십자가에 매달려 죽으셨어요. 우리는 죄를 고백하고 예수님을 믿으면 죄를 용서받고 영적인 죽음에서 구원받을 수 있어요.

가스펠 준비

 환영

도착하는 아이들을 반갑게 맞이하고 헌금, 출석, QT 등을 확인하며 격려한다. 새 친구가 있다면 소개한다. 편안한 분위기에서 안부를 물으며 오늘의 말씀과 관련된 화제로 이야기를 나눈다. 친구나 부모님의 물건을 갖고 싶어 한 적이 있는지, 그때 어떻게 했는지에 대해 이야기를 나누어 본다. 자발적으로 대화에 참여하도록 이끈다.

예) "가지면 안 되는 물건을 갖고 싶어 한 적이 있나요?", "그때 어떻게 했나요?" 등.

— 가끔씩 하나님은 우리가 어떤 것을 갖지 못하게 하세요. 그것이 우리에게 좋지 않거나 하나님께 우리를 위한 더 나은 계획이 있을 때 그렇게 하신답니다. 오늘 만날 성경 이야기는 가지면 안 되는 것을 갖고 싶어 했던 사람의 이야기예요.

마음 열기

네 공? 내 공! *

[준비물] 공 2개, 마스킹 테이프

① 아이들을 두 팀으로 나눈다.

② 예배실을 반으로 나눈 뒤 바닥에 마스킹 테이프를 붙여 중앙선을 표시한다.

③ 중앙선을 중심으로 양 팀을 벽에 붙여 마주 세우고, 중앙선 한가운데 위에 각 팀의 공을 놓아 둔다.

④ 인도자가 팀당 한 명씩 이름을 부르면, 해당되는 아이들은 달려 나와 상대 팀의 공을 먼저 빼앗아야 한다는 규칙을 말해 준다. 상대 팀의 공을 차지한 팀이 승리한다.

⑤ 시간 여유가 있다면 게임을 반복해 많은 아이가 참여하게 한다.

— 상대 팀의 공을 빼앗기 위해서는 빠르게 행동해야 하고 상대방을 속여야 해요. 물론 남의 것을 빼앗거나 훔치는 것은 좋은 행동이 아니에요. 아무리 재빠르고 다른 사람들을 잘 속이더라도 하나님은 우리가 한 일을 다 알고 계세요. 오늘의 성경 이야기에서 한 사람의 죄가 어떻게 이스라엘 백성에게 큰 문제를 일으켰는지에 대해 알아보아요.

죄일까, 아닐까? *

[준비물] 죄에 해당하는 다양한 시나리오를 각각 적은 종이, 봉투나 큰 상자

① 종이에 죄에 해당하는 다양한 시나리오를 각각 적은 뒤 접어서 봉투나 큰 상자에 넣어 둔다.

예) 동생이 소중히 여기는 장난감을 아무 말 없이 갖고 놀기, 땅에서 주운 돈 갖기, 시험 볼 때 친구가 쓴 답을 보고 따라 쓰기, 친구들과 나누어 먹지 않으려고 사탕을 주머니에 숨겨 놓기 등.

② 봉투를 돌리면서 아이들에게 종이를 한 장씩 뽑아 가지고 있으라고 말한다.

③ 한 명씩 자신이 뽑은 종이에 쓰인 시나리오를 읽게 한다. 아이들과 함께 그것이 죄인지 아닌지에 대해 이야기를 나눈다.

— 죄는 굉장히 큰 문제예요. 죄는 우리를 거룩하신 하나님으로부터 분리시키기 때문이지요. 죄를 짓는 것은 "내게 무엇이 필요한지는 하나님보다 내가 더 잘 알고 있어요!"라고 하나님께 말씀드리는 것과 같아요. 오늘의 성경 이야기는 한 사람의 죄로 인해 많은 사람이 고통받았던 사건에 관한 이야기예요.

가스펠 설교

 들어가기

[준비물] 조끼, 다람쥐 인형

조끼를 입고 조끼 주머니에 다람쥐 인형을 넣고 들어온다. 주머니 밖으로 도망치려는 다람쥐를 다시 넣으려는 것처럼 행동한다.

안녕하세요, 체험 동물원에 오신 여러분을 환영합니다! 다시 만나서 반가워요. 오늘 저와 함께한 친구는 아주 꼼지락거리는 친구랍니다. 오늘의 동물을 만날 준비가 되었나요?

조끼 주머니에서 다람쥐 인형을 꺼내 부드럽게 쓰다듬는다.

오늘 우리는 다람쥐에 대해 배울 거예요. 여러분 중에 살아 있는 다람쥐를 본 친구가 있나요? 다람쥐는 북미, 유럽, 아시아, 아프리카 등 많은 지역에서 만날 수 있어요. 다람쥐의 앞니는 계속해서 자란다는 사실을 알고 있나요? 계속해서 딱딱한 견과류와 나무껍질을 씹기 때문에 이빨이 갈려서 자라지 않는 것처럼 보이는 거예요. 이빨이 계속 자라지 않는다면 다람쥐의 이빨은 어떻게 될까요? 아, 생각만 해도 불쌍하네요. 다람쥐에 대해 또 한 가지 사실을 알려 줄게요. 다람쥐는 정말 열심히 일하는 동물이에요. 다람쥐는 1년 내내 양식을 모아요. 특히 가을에는 더 많이 모으지요. 그리고 모아 놓은 양식을 땅을 파서 숨겨요. 그리고 겨울잠에서 깨면 묻어 둔 양식을 찾으러 간답니다.

 연대표

양식을 땅에 묻는 이야기를 하니까 생각나네요. 오늘의 성경 이야기에 나오는 사람도 땅에 무엇인가를 묻었거든요. 지난주에 우리는 **하나님이 이스라엘 백성을 위해 싸우셨고, 그들을 약속의 땅으로 인도하신 것**에 대해 배웠어요. 여리고 성 전투에서 여호수아는 이스라엘 백성에게 라합과 가족을 제외하고는 모든 것을 없애 버리라고 명령했어요. 이스라엘 백성은 여리고 성에서 아무것도 가지고 나와서는 안 되었어요. 그런데 아간이라는 사람이 하나님께 불순종했어요. 그는 여리고 성에서 아름다운 외투와 금과 은을 훔쳐다가 자신의 장막 가운데 땅속에 감추어 두었어요. 오늘의 성경 이야기는 "죄 때문에 아이 성 전투에서 졌어요"예요.

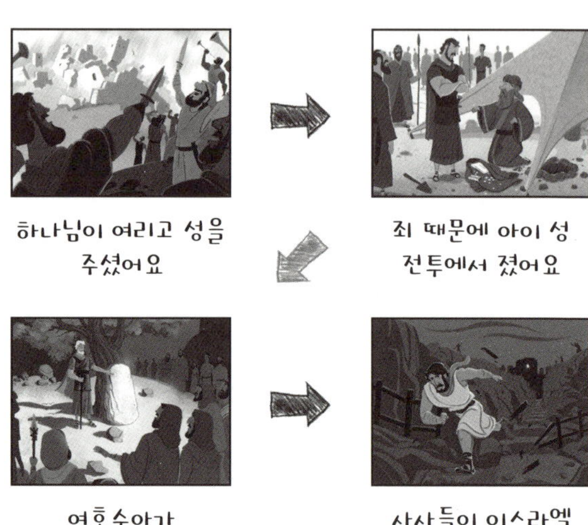

 성경의 초점

하나님은 여호수아와 함께하겠다고 약속하셨고, 약속의 땅으로 향하는 동안 이스라엘 백성과 함께하겠다고 약속하셨어요. 하나님은 그들과 함께하셨고 그들을 위해 싸우셨어요. 여호수아는 하나님을 믿었어요. 1단원의 '성경의 초점'을 말해 볼까요? **우리는 무엇을 믿어야 할까요? 우리는 하나님이 우리를 돌보신다는 것을 믿어요.**

 성경 이야기

여호수아 7장~8장을 펴고, 설교 영상(지도자용 팩)을 보여 주거나 이야기 성경을 들려준다.

이스라엘 백성은 여리고 성 전투에서 승리했다는 사실에 들떠 있었어요. 다음에 정복할 성은 아이 성이었어요. 아이 성은 여리고 성보다 훨씬 작았어요. 여호수아는 군사들을 보냈어요. 그런데 어찌 된 일인지 이번에는 하나님이 그들과 함께하지 않으셨어요. 이스라엘 백성은 도망쳤고, 아이 성의 군사들은 이스라엘 백성을 뒤쫓아 와 죽게 했어요.

아이 성 전투에서 패하자 여호수아는 옷을 찢었어요. 구약 시대에 옷을 찢는 것은 정말로 슬픈 일이 있을 때 하는 행동이었어요. 그러자 하나님이 여호수아에게 무엇이라고 말씀하셨나요? 아이들의 대답을 기다린다. 맞아요! 하나님이 아이 성 전투에서 이스라엘 백성과 함께하지 않으신 이유는 그들이 죄를 지었기 때문이었어요. 하나님은 여호수아에게 누가 죄를 지었는지 보여 주셨어요.

여호수아가 하나님의 명령대로 지파대로 가까이 나아오게 했더니 유다 지파가 뽑혔고, 그중에서 세라 족속이 뽑혔으며, 또 그중에서 삽디라는 남자가 뽑혔고, 마침내 아간이 뽑혔어요. 아간은 여리고 성에서 아름다운 외투와 금과 은을 훔쳐왔어요. 어쩌면 아간은 자신의 잘못을 심각하게 생각하지 않았을지도 몰라요. 그러나 하나님께 죄는 매우 큰 문제예요. **하나님은 아간의 죄를 벌하신 뒤 아이 성에서 이스라엘 백성을 위해 싸우셨어요.**

아간이 지은 죄에 대한 벌은 사망이었어요. 그가 지은 죄에 비해 너무 심한 벌 같다고요? 성경은 죄의 삯은 사망이라고 말해요(롬 6:23). 죄 때문에 죽을 수밖에 없는 우리를 위해 예수님은 대신 십자가에 매달려 죽으셨어요. 우리는 죄를 고백하고 예수님을 믿으면 죄를 용서받고 영적인 죽음에서 구원받을 수 있어요.

복 / 습 / 질 / 문

1 하나님은 여리고 성에서 어떻게 행하라고 명령하셨나요?

여리고 성에 있는 모든 것을 여호와께 온전히 바쳐라 (수 6:17, 7:1)

2 여리고 성에서 하나님께 죄를 지은 사람은 누구인가요?

아간 (수 7:1)

3 아간은 어떤 죄를 지었나요?

여리고 성에서 물건을 훔치다가 자기 장막 가운데 땅속에 감추어 두었다 (수 7:21)

4 아간의 죄로 인해 아이 성 전투에서 어떤 일이 일어났나요?

이스라엘 백성이 패배했다 (수 7:5)

5 하나님이 이스라엘 백성을 위해 다시 싸우러 나가시기 전에 해결되어야 했던 일은 무엇인가요?

하나님은 아간의 죄를 벌하신 뒤 아이 성에서 이스라엘 백성을 위해 싸우셨어요.

6 아간이 죄에 대한 벌을 받은 후 아이 성 전투에서 어떤 일이 일어났나요?

이스라엘 백성이 아이 성을 점령했다 (수 8:21)

7 우리는 무엇을 믿어야 할까요?

우리는 하나님이 우리를 돌보신다는 것을 믿어요.

복음 초청

성경과 37쪽 복음 초청 가이드를 이용해서 아이들에게 그리스도인이 되는 법을 설명해 준다. 따로 상담해 줄 사람을 정해 주고 궁금한 점이 있으면 물어보도록 격려한다.

이 시간 예수님을 마음에 모시고 싶은 친구는 함께 기도해요.

기도

사랑하는 하나님, 죄 때문에 죽을 수밖에 없는 우리를 위해서 아들이신 예수님을 보내 주시고 대신 죽게 하심에 감사합니다. 우리가 날마다 죄를 고백하며 살게 해 주시고, 우리를 용서하신 예수님의 사랑에 감사하게 해 주세요. 예수님의 이름으로 기도합니다. 아멘.

적용

TIP 설교 도입이나 적용으로 활용하거나 영상을 본 뒤 소그룹에서 풍성한 대화를 이어 갈 수 있습니다.

죄에 대한 벌이 적당한지, 너무한지는 어떻게 알 수 있을까요? 다음 영상을 보면서 함께 생각해 보아요.

DVD 적용 예화 영상(지도자용 팩)을 보여 준다.

제이컵이 교장 선생님께 장난을 친 것은 친구들에게 한 것보다 더 나쁜 것일까요? 그 이유가 무엇인가요? 아이들의 대답을 기다린다. 장난이 심각한지, 아닌지는 상대방에 따라 달라져요. 이것은 죄의 문제와 연결될 수 있어요. 하나님께 짓는 죄는 매우 심각한 문제예요. 하나님이 어떤 분이신지와 연결되는 문제이기 때문이에요. 그래서 하나님께 짓는 죄에는 '작은' 죄라는 것이 없어요. 하나님께 영광 돌리지 않는 모든 죄는 '큰' 문제이기 때문이에요.

성경은 "죄의 삯은 사망"(롬 6:23)이라고 말해요. 아간은 죄를 지었고, 그 죄 때문에 죽고 말았어요. 우리의 죄에 대한 벌도 죽음이에요. 하나님은 거룩하시기 때문이지요. 그러나 하나님은 사랑의 하나님, 자비의 하나님, 은혜의 하나님이기도 하세요. 하나님은 아들이신 예수님을 보내셔서 우리 대신 죽게 하셨어요. 우리는 죄를 고백하고 예수님을 믿으면 죄를 용서받을 수 있어요.

가스펠 소그룹

10~20분

나침반

말씀을 기억하라

[준비물] 1단원 암송(107쪽), 화이트보드, 보드마커, 화이트보드 지우개

① 1단원 암송 구절인 여호수아 1장 9절을 화이트보드에 적은 후 다 함께 큰 소리로 읽는다.

② 암송 구절 중에 두세 단어를 지워 빈칸을 만든다.

③ 아이들에게 암송 구절을 다시 말해 보라고 한다.

④ 같은 방식으로 점점 더 많은 단어를 지우고 읽어서 아이들이 암송 구절을 완전히 외우게 한다.

—— 하나님은 여호수아와 항상 함께하겠다고 약속하셨어요. 여호수아가 완벽하거나 죄가 없기 때문이 아니었어요. 성경은 예수님을 제외한 모든 사람이 죄인이라고 말해요. 우리가 죄에서 돌이켜 예수님을 믿으면 하나님은 우리에게 성령님을 보내셔서 우리와 함께하세요.

보물 지도

세 줄 빙고

[준비물] 학생용 교재 24쪽, 연필

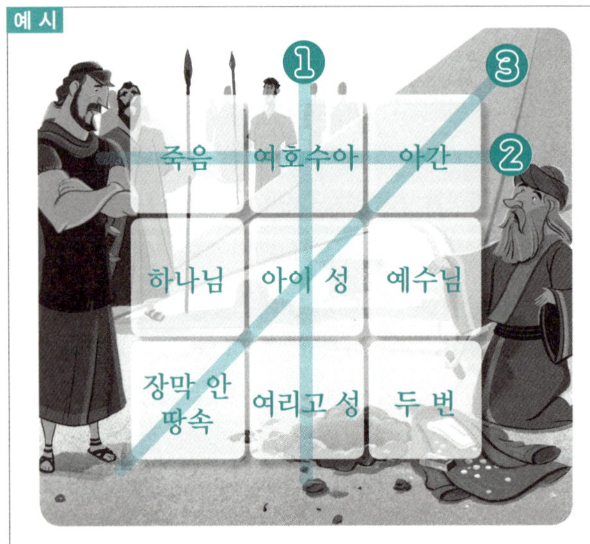

① 보기의 단어들로 자유롭게 빙고 칸을 채우게 한다.

② 인도자가 차례대로 질문하면 아이들이 답하면서 빙고 게임을 진행한다. 단, 질문에 대한 답을 정확하게 말해야 한다는 규칙을 말

해 준다.

③ 먼저 가로, 세로, 대각선을 포함해 세 줄을 완성하면 "빙고!"를 외치며 승자가 된다.

1 이스라엘 백성이 요단 강을 건넌 후 정복한 첫 번째 성은 무엇인가요?

여리고 성 (수 7:2)

2 이스라엘 백성이 공격한 두 번째 성은 무엇인가요?

아이 성 (수 7:2)

3 아이 성 전투에서 패배한 후 옷을 찢고 하나님께 기도한 사람은 누구인가요?

여호수아 (수 7:6)

4 여리고 성에서 몰래 물건을 가져온 사람은 누구인가요?

아간 (수 7:1)

5 아간은 훔친 물건을 어디에 감추었나요?

장막 안 땅속 (수 7:21)

6 아간의 죄에 대한 벌은 무엇이었나요?

죽음 (수 7:25)

7 이스라엘 백성은 아이 성을 몇 번 공격한 뒤 점령했나요?

두 번

8 두 번째 아이 성 공격에서 누가 이스라엘 백성을 위해 싸우셨나요?

하나님

9 우리의 죄를 대신해서 죽으신 분은 누구이신가요?

예수님

—— 거룩하신 하나님은 죄를 미워하세요. **하나님은 아간의 죄를 벌하신 뒤 아이 성에서 이스라엘 백성을 위해 싸우셨어요.** 아간의 죄에 대한 벌은 사망이었어요. 아간처럼 우리도 죄로 인해 죽어야만 했어요. 그런데 예수님이 우리를 대신해 죽으셨어요. 우리는 죄를 고백하고 예수님을 믿으면 죄를 용서받고 영적인 죽음에서 구원받을 수 있어요.

탐험하기

다시, 십계명

[준비물] 학생용 교재 25쪽, 연필

① 십계명을 외우고 있는 아이가 있다면 발표해 보게 한다.

② 지문에 적힌 십계명을 함께 읽고, 그림에 담긴 상황을 살펴보게 한

뒤, 빈칸에 해당되는 계명의 숫자를 적어 보게 한다.

━━ 하나님은 우리가 지켜야 할 규칙을 주셨어요. 이 규칙들은 십계명에 잘 나와 있어요. 십계명은 우리가 어떻게 하나님과 이웃을 사랑해야 할지를 알려 주어요. 하나님은 거룩하고 선하신 분이에요. 따라서 하나님이 주신 규칙도 거룩하고 선하지요. 오늘 우리는 하나님께 불순종하는 것이 죄이고, 죄를 지으면 벌을 받는다는 사실을 배웠어요.

'승리와 패배' 족자 만들기 ∗

[준비물] A4 용지, 나무젓가락 또는 빨대, 목공용 풀 또는 셀로판테이프, 끈, 사인펜이나 색연필, 가위, 연필

① 아이들에게 A4 용지를 나누어 준 뒤 세로로 긴 사각형이 되도록 반을 자르고 위에서부터 5등분해 연필로 칸을 표시하게 한다.

② 위에서부터 차례로 성경 이야기를 그리게 한다.

　1. 여리고 성 전투에서의 승리

　2. 여리고 성에서 아간이 물건을 훔쳐 옴

　3. 아이 성 전투에서의 패배

　4. 아간이 죄를 고백함

　5. 하나님이 아이 성 전투에서 이스라엘 백성을 위해 싸우심

③ 종이의 양 끝을 목공용 풀로 나무젓가락에 붙여서 족자처럼 만든다.

④ 아이들에게 끈을 나누어 주고 '승리와 패배' 족자를 돌돌 말아 묶어 집에 가져가 잘 보이는 곳에 놓으라고 한다.

━━ 하나님은 죄를 무척 싫어하셔서 심각하게 여기세요. 하나님께는 아무것도 숨길 수 없어요. 우리는 죄를 짓고 나서 하나님으로부터 숨을 수 없어요. **하나님은 아간의 죄를**

벌하신 뒤 아이 성에서 이스라엘 백성을 위해 싸우셨어요. 하나님은 아들이신 예수님을 우리에게 보내서서 십자가에서 죽으시고 부활하게 하셨어요. 우리는 예수님을 믿으면 죄를 용서받을 수 있어요.

보물 상자

나만의 기록장

[준비물] 학생용 교재 26쪽, 연필이나 색연필

① 아이들에게 죄를 짓고 나서 '하나님이 안 보셨으면' 하고 생각한 적이 있는지 물어보고, 그림이나 글로 표현해 보게 한다.

② 하나님께 죄를 지은 것과 그 죄를 숨기려 했던 잘못을 용서해 달라고 기도하는 시간을 갖는다.

━━ 우리는 무엇을 믿어야 할까요? 우리는 하나님이 우리를 돌보신다는 것을 믿어요. 우리가 하나님을 믿으면 더 이상 하나님을 두려워할 필요가 없어요. 하나님으로부터 무엇인가를 숨길 필요도 없지요. 하나님은 우리를 사랑하시고, 우리에게 최고로 좋은 것을 주기 원하세요. 죄를 지었더라도 너무 걱정하지 마세요! 우리는 예수님을 통해서 하나님께 나아갈 수 있답니다. 예수님을 통해서 우리를 용서하신 하나님께 감사하세요.

메시지 카드

이번 주 메시지 카드로 부모님과 함께 오늘 배운 성경 이야기를 나누어 보라고 한다.

기도

하나님, 아들이신 예수님을 우리에게 보내서서 십자가에서 죽으시고 부활하게 해 주셔서 감사합니다. 우리가 예수님을 믿음으로 죽지 않고 영원한 생명을 얻게 해 주셔서 감사합니다. 날마다 우리를 돌보시는 하나님을 믿고 성령님 안에서 살아가게 도와주세요. 예수님의 이름으로 기도합니다. 아멘.

5
여호수아가 당부했어요

수 23:1~24:28

본문 속으로

하나님이 가나안 땅을 점령하게 하신 지 오랜 후에 여호수아는 나이가 많아 늙었습니다(수 23:1). 그는 온 이스라엘 백성을 불러 권면했습니다.

먼저, 여호수아는 하나님이 이스라엘 백성을 위해 싸우신 것과 모든 약속을 신실하게 지키신 것을 상기시켰습니다(수 23:14). 그는 이스라엘 백성이 이 사실을 기억하고 하나님의 말씀을 따라 살기 원했습니다. "그러므로 너희는 크게 힘써 모세의 율법 책에 기록된 것을 다 지켜 행하라 그것을 떠나 우로나 좌로나 치우치지 말라"(수 23:6). 하나님의 말씀을 읽고, 묵상하고, 순종하는 것은 믿음의 증거입니다. 여호수아는 이스라엘 백성이 번영할 수 있었던 것은 하나님께 순종했기 때문임을 기억하기 원했습니다.

또한 여호수아는 이스라엘 백성에게 하나님이 약속하신 모든 좋은 것이 이루어진 것처럼 불순종의 대가에 대한 약속의 말씀도 모두 이루어질 것이라는 경고를 남겼습니다(수 23:12~13, 15).

여호수아는 하나님이 아브라함과 언약을 맺으신 바로 그 장소로 모든 사람을 불러 모았습니다(창 12:6~7). 그는 지도자들에게 이삭의 탄생에서부터 출애굽 사건에 이르는 과거를 상기시켰습니다. 여호수아는 "너희가 섬길 자를 오늘 택하라 오직 나와 내 집은 여호와를 섬기겠노라"(수 24:15)라고 말했습니다.

이스라엘 백성은 선택의 기로에 놓였습니다. 이는 계속해서 여호와를 섬길 것인지, 아니면 다른 신들을 섬길지에 대한 선택이었습니다. 하나님의 신실하심에 대한 응답으로 이스라엘 백성은 하나님께 신실하겠다는 자신들의 언약을 새롭게 했습니다.

● ● 티칭 포인트

여호수아가 남긴 하나님께 순종하라는 믿음의 유산에 대해 아이들과 나누면서 가장 위대한 유산은 예수 그리스도에게서 찾을 수 있다고 알려 주십시오. 예수님이 부활하신 이후에 제자들을 모든 나라와 족속으로 보내 예수님을 전하게 하셨다는 사실을 말해 주십시오. 예수님은 믿는 자들을 부르셔서 예수님을 전하게 하기를 원하십니다.

주 제

여호수아는 이스라엘 백성에게 하나님만 섬기도록 권면했어요.

가스펠 링크

여호수아가 하나님께 순종하라는 믿음의 유산을 남겼듯이 부활하신 예수님은 제자들과 우리에게 복음을 전파하라는 믿음의 사명을 남기셨어요.

여호수아가 당부했어요 수 23:1~24:28

하나님은 가나안 땅의 적들을 물리치시고 이스라엘에게 안식을 주셨어요. 그 후 오랜 세월이 흘렀어요. 나이가 든 여호수아는 죽음을 앞두고 모든 이스라엘 백성을 불러 모아 중요한 메시지를 전했어요.

"여러분은 하나님이 여러분을 위해 이 모든 민족에게 행하신 일들을 다 보았습니다. 여러분을 위해 싸우신 분은 여호와 하나님이십니다. 여러분, 부디 좌우로 치우치지 말고 모세의 율법 책에 기록된 모든 것을 지키고 실행하십시오. 만약 하나님이 명령하신 언약에 불순종하면 하나님이 여러분을 향해 불같이 진노하실 것이며, 하나님이 주신 이 아름다운 땅에서 곧 죽게 될 것입니다."

여호수아는 이스라엘 백성에게 하나님이 과거에 그들을 위해 행하셨던 모든 일을 떠올려 주었어요. 하나님이 아브라함을 부르시고, 아들 이삭을 주신 일, 이삭에게 에서와 야곱이라는 두 아들을 주신 일 등 모든 일을 기억하게 했지요. 그는 야곱의 아들들이 이집트로 이사 간 일도 이야기했어요. 모세와 아론을 보내신 바로 그곳 말이지요.

또한 여호수아는 하나님이 이스라엘을 이집트에서 어떻게 구해 내셨는지, 이집트의 군사들이 뒤쫓아 오는 홍해를 어떻게 안전하게 건너게 하셨는지를 설명했어요. 여호수아는 그들이 많은 전쟁에서 이길 수 있었던 것은 하나님이 함께하셨기 때문이라는 사실을 기억하게 했어요. 하나님은 이스라엘 백성을 위해 많은 일을 행하셨어요!

여호수아는 사람들에게 선택하라고 했어요. "여러분, 하나님을 *경외하고, 성실하고 진실하게 섬기십시오. 여러분의 조상들이 강 건너 저편과 이집트에서 경배하던 신들을 던져 버리고 여호와를 섬기십시오. 그러나 만약 여러분의 마음에 여호와를 섬기는 일이 좋아 보이지 않거든 그때는 스스로 누구를 섬길 것인지 선택하십시오. 저와 저희 집은 여호와를 섬길 것입니다."

이스라엘 백성은 "우리는 결코 여호와를 버리고 다른 신들을 섬기지 않겠습니다! 우리는 하나님이 우리를 위해 행하신 일을 알고 하나님을 사랑합니다!"라고 대답했어요. 그러자 여호수아는 사람들에게 경고했어요. "만약 여러분이 여호와를 버리고 이방의 신들을 섬기면 하나님이 여러분에게 복을 주신 후에라도 돌이켜 재앙을 내리시고 여러분을 멸망시키실 것입니다." 그러자 이스라엘 백성은 "아닙니다! 우리가 여호와를 섬기겠습니다!"라고 말했어요.

그날 여호수아는 이스라엘 백성과 언약을 맺었어요. 여호수아는 이 모든 말씀을 하나님의 율법 책에 기록하고, 큰 돌을 가져다가 여호와의 성소 곁에 있는 상수리나무 아래에 세웠어요. 여호수아는 "이 돌이 여러분이 여호와를 섬기겠다는 증거가 될 것입니다. 하나님은 약속의 땅으로 여러분을 인도하겠다는 모든 약속을 지키셨습니다"라고 말한 뒤 이스라엘 백성을 각자 집으로 돌려보냈어요.

● ● 가스펠 링크

여호수아는 자신의 죽음을 준비하며 하나님께 순종하라는 믿음의 유산을 남겼어요. 부활하신 예수님은 제자들과 우리에게 모든 민족을 제자로 삼고, 아버지와 아들과 성령의 이름으로 세례를 베풀고, 예수님이 명령하신 모든 것을 가르쳐 지키게 하라는 믿음의 사명을 남기셨어요(마 28:19~20). *경외하다 : 공경하면서 두려워하다.

가스펠 준비 10~20분

환영

도착하는 아이들을 반갑게 맞이하고 헌금, 출석, QT 등을 확인하며 격려한다. 새 친구가 있다면 소개한다. 편안한 분위기에서 안부를 물으며 오늘의 말씀과 관련된 화제로 이야기를 나눈다. 아이들에게 여유로운 시간에는 주로 어떤 일을 하는지 물어본다. 취미 생활을 하거나 게임을 하는 데 시간이나 힘, 혹은 돈이 필요한지 묻는다. 자발적으로 대화에 참여하도록 이끈다.

예) "여유로운 토요일에는 주로 어떤 일을 하며 보내나요?", "좋아하는 일을 하기 위해서 필요한 것이 있나요?" 등.

― 재미있는 일을 하기 위해서는 가끔씩 시간이나 힘, 돈이 필요하기도 해요. 그리고 때로는 우리의 취미가 우리에게 제일 중요한 일이 되기도 하지요. 오늘 우리는 하나님을 우리 삶의 최우선으로 삼는 것에 대해 이야기할 거예요.

마음 열기

공통점을 찾아라 *

[준비물] 의자

① 의자를 원 대형으로 놓되 앉는 부분이 원 안쪽을 향하게 한다. 이때 의자는 아이들의 숫자보다 하나 적게 준비한다.

② 술래 한 명을 원 가운데 세우고 자신만의 특별한 경험이나 특기를 나누게 한다.

예) "나는 제주도에 가 봤어", "나는 팔꿈치에 혀를 댈 수 있어" 등.

③ 앉아 있는 아이들 중에 공통점을 가진 아이는 모두 의자에서 일어나 다른 자리로 옮기라고 한다.

④ 아이들이 움직이는 사이에 술래는 재빨리 빈자리에 앉아야 하고, 자리에 앉지 못한 아이가 다음 술래가 된다. 만약 공통점을 가진 아이가 한 명뿐이면 저절로 술래가 된다.

⑤ 시간 여유가 있다면 게임을 계속한다.

― 이 활동을 통해 서로에 대해 많이 알게 되었어요. 하나님은 우리 각자를 특별하게 만드셨지만, 우리가 공통적으로 가지고 있는 것도 있어요. 우리의 공통점 중에서 가장 좋은 것은 하나님이 우리를 사랑하신다는 것과 하나님은 우리가 하나님을 믿기 바라신다는 거예요.

소중한 ○○에게 *

[준비물] 흰색 전지, 셀로판테이프, 사인펜

① 흰색 전지를 예배실 벽이나 책상 위에 붙여 놓는다.

② 아이들에게 하나님이 그들에게 보내 주신 사람들을 떠올려 보게 한다(부모님, 선생님, 형제자매, 친구 등).

③ 아이들에게 그들을 섬기거나 도와줄 수 있는 방법들을 생각해 보게 한다.

④ 마지막으로, 하나님을 섬길 수 있는 방법에 대해 생각해 보게 한다.

⑤ 모두 나와 흰색 전지에 소중한 ○○에게 전하고 싶은 메시지를 그림이나 글로 써 보게 한다. 아이들이 많을 경우 팀별로 전지를 나누어서 진행한다.

TIP 핸드폰으로 간단한 영상 편지를 촬영해 보는 것도 좋다.

― 하나님은 우리가 다른 사람들을 사랑하고 섬기기를 원하세요. 누군가를 사랑한다면 그를 위해 할 수 있는 일이 있어요. 또한 하나님은 우리가 그 무엇보다도 하나님을 가장 중요하게 생각하기를 원하세요. 우리는 하나님을 위해 무엇을 할 수 있을까요?

가스펠 설교 15~30분

 들어가기

[준비물] 비버 인형이나 비버 그림을 넣은 상자

비버 인형이나 비버 그림을 넣은 상자를 들고 들어온다.

안녕하세요, 여러분! 오늘은 벌써 체험 동물원 마지막 날이에요. 함께해서 정말 즐거웠어요! 그렇지만 아직은 끝나지 않았어요. 소개할 동물이 하나 더 남았거든요. 오늘 소개할 동물은 여러분이 잘 모르는 동물일 수도 있어요. 상자를 열고 비버를 보여 준다. 이 동물이 무엇인지 알고 있나요? 바로 비버예요! 비버에 대한 몇 가지 사실을 알려 드릴게요.

- 비버는 물속에서도 볼 수 있는 투명한 눈꺼풀이 있어요. 물안경처럼요!
- 비버는 두 종류가 있는데, 아메리카비버와 유럽비버예요.
- 비버의 집에는 두 개의 공간이 있어요. 하나는 굴 같은 곳으로, 물에서 나와서 털을 말리는 공간이고요, 다른 하나는 가족이 사는 곳이에요!
- 비버는 두껍고 뻣뻣한 꼬리를 가지고 있는데 물에서는 방향타처럼 사용하고 땅에서는 균형을 잡는 데 도움을 받아요.
- 때때로 다 자란 비버는 가족과 떨어져 살지 않고 함께 살면서 새로운 가족을 맞이하기도 해요.
- 비버는 댐을 만드는 것으로 잘 알려져 있어요. 그 외에도 비버는 매우 열심히 일하는 동물이랍니다.

정말 재미있는 동물이지요? 하나님이 창조하신 비버가 열심히 일하고 가족과 함께 있는 모습, 여러분도 보고 싶지요?

 연대표

연대표에서 지난 성경 이야기들을 가리키며 아이들과 함께 복습한다.

비버에게는 가족이 정말 중요한 것 같아요. 이스라엘 백성에게도 가족은 매우 중요했어요. 연대표를 가리킨다. 오늘의 성경 이야기에서 여호수아는 이스라엘 백성과 그 가족에게 중요한 메시지를 전했어요. 여호수아는 나이가 들었고 죽음을 앞두고 있었어요. 그는 이스라엘 백성에게 하나님을 섬길지, 아니면 가나안의 우상을 섬길지 선택하라고 말했어요. 이스라엘 백성이 어떤 선택을 했을지 정말 궁금하네요.

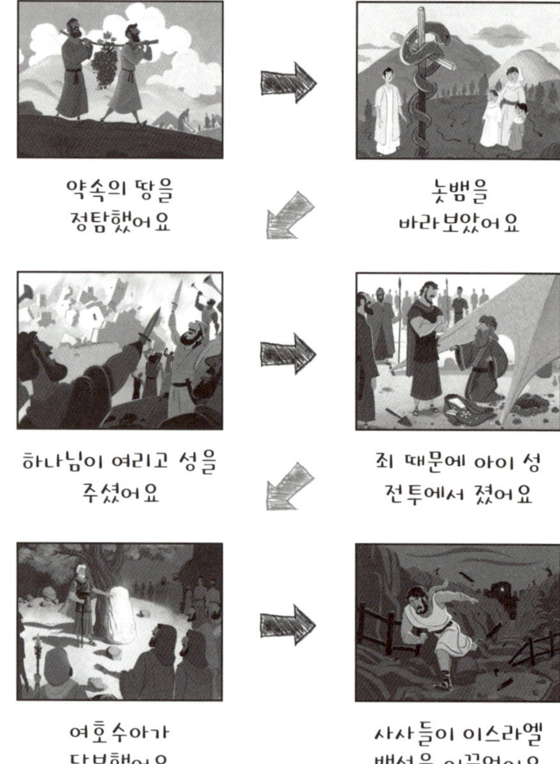

 성경의 초점

지난 4주 동안 배웠던 1단원의 '성경의 초점'을 함께 말해 볼까요? 아이들이 '성경의 초점' 질문과 답을 외워서 함께 말하게 한다. 멋져요! **우리는 무엇을 믿어야 할까요? 우리는 하나님이 우리를 돌보신다는 것을 믿어요.**

 성경 이야기

여호수아 23장 1절~24장 28절을 펴고, 설교 영상(지도자용 팩)을 보여 주거나 이야기 성경을 들려준다.

여호수아는 나이가 들어 죽음을 앞두자 이스라엘 백성을 불러 모아 경계해야 할 것을 당부했어요. 여호수아가 이스라엘 백성에게 바랐던 선택은 무엇인지 함께 살펴보아요.

여호수아는 이스라엘 백성에게 하나님이 지키셨던 모든 약속을 떠올려 주며 하나님의 신실하심을 강조했어요. 그리고 이스라엘 백성에게 둘 중에서 선택하라고 말했지요. 여러분은 그것들이 무엇인지 기억하나요? 아이들의 대답을 기다린다. 맞

아요, 그들은 하나님과 우상 사이에서 선택해야 했어요. 이 말은 여호수아가 우상을 섬겨도 좋다고 생각했다는 뜻이 아니에요. 여호수아는 이스라엘 백성이 하나님과 우상 사이에서 마음을 계속 바꾸지 말고 하나님으로 확실히 정해야 한다는 뜻으로 말한 것이었어요.

여호수아는 이스라엘 백성에게 하나님만 섬기도록 권면했어요. 그들은 누구를 섬기겠다고 대답했나요? (하나님) 여호수아는 자신의 죽음을 준비하며 하나님께 순종하라는 믿음의 유산을 남겼어요. 부활하신 예수님은 제자들과 우리에게 모든 민족을 제자로 삼고, 아버지와 아들과 성령의 이름으로 세례를 베풀고, 예수님이 명령하신 모든 것을 가르쳐 지키게 하라는 믿음의 사명을 남기셨어요(마 28:19~20).

복 / 습 / 질 / 문

다음 문장이 참인지 거짓인지 맞혀 보세요.

1 이스라엘 백성은 약속의 땅을 차지하지 못했어요.

거짓, 하나님이 그들에게 약속의 땅을 주셨다 (수 23:1)

2 여호수아는 나이가 들고 죽음을 앞두고 있었어요.

참 (수 23:2)

3 여호수아는 이스라엘 백성에게 하나님의 율법을 다 지켜 행하라고 했어요.

참 (수 23:6)

4 여호수아는 이스라엘 백성에게 하나님이 그들을 위해 행하신 일들을 떠올려 주었어요.

참 (수 24:2~13)

5 여호수아는 이스라엘 백성에게 우상을 섬겨도 된다고 말했어요.

거짓, 여호수아는 하나님만 섬기라고 권면했다 (수 24:14)

6 이스라엘 백성은 하나님만 섬기겠다고 약속했어요.

참 (수 24:24~27)

7 우리는 하나님이 우리를 돌보신다는 것을 믿어요.

참

 ## 찬양

강하고 담대하라(17쪽)

※지도자용 팩 또는 가스펠 프로젝트 홈페이지(gospelproject.co.kr)에서 이용하세요.

 ## 복음 초청

성경과 37쪽 복음 초청 가이드를 이용해서 아이들에게 그리스도인이 되는 법을 설명해 준다. 따로 상담해 줄 사람을 정해 주고 궁금한 점이 있으면 물어보도록 격려한다.

이 시간 예수님을 마음에 모시고 싶은 친구는 함께 기도해요.

 ## 기도

사랑하는 하나님, 이스라엘 백성에게 하신 약속을 지켜 주셔서 감사합니다. 우리가 항상 하나님만 섬길 수 있도록 도와주세요. 사랑합니다. 예수님의 이름으로 기도합니다. 아멘.

 ## 적용

TIP 설교 도입이나 적용으로 활용하거나 영상을 본 뒤 소그룹에서 풍성한 대화를 이어 갈 수 있습니다.

여호수아는 이스라엘 백성에게 둘 중에서 선택하라고 했어요. 다음 영상을 보면서 함께 생각해 보아요.

적용 예화 영상(지도자용 팩)을 보여 준다.

소시지 수프와 딸기 젤리를 섞었더니 맛이 어떠했나요? 진짜 이상했지요! 우리는 종종 '두 가지를 섞으면 좋을 것 같다'고 생각하곤 해요. 그런데 항상 그럴까요? 새뮤얼처럼 두 가지를 섞었을 때 좋지 않은 결과가 나온 적이 있었나요? 하나님은 하나님의 백성이 우상이 아니라 하나님만 섬기기를 원하세요. 우상과 하나님은 동시에 섬길 수 없어요. 하나님만 찬양받기 합당한 분이시기 때문이지요! 아이들에게 하나님 외에 중요하게 여기는 것이 있다면 무엇인지 물어본다. 하나님 말고 다른 것을 중요하게 여기는 마음을 어떻게 하면 내려놓을 수 있을까요?

가스펠 소그룹

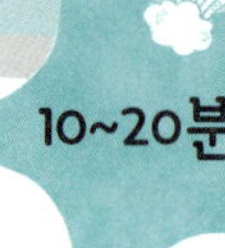

 나침반

내 공 줄게, 암송 구절 다오

[준비물] 탱탱볼이나 배구공

① 아이들을 둥글게 세운 뒤 한 아이에게 공을 던져 준다.

② 공을 받은 아이가 암송 구절의 첫 어절을 말한 뒤 다른 아이에게 공을 던지면, 그 아이가 공을 받아 이어지는 어절을 말하는 식으로 암송을 마칠 때까지 게임을 진행한다.

③ 두 번째로 반복할 때는 빠른 속도로 암송 구절을 외운다.

— 우리는 여호수아가 마지막으로 이스라엘 백성에게 당부한 이야기에 대해 배웠어요. 여호수아는 하나님이 항상 약속을 지키시는 분이라는 것을 떠올려 주었어요. 하나님은 우리와 함께하겠다고 약속하셨어요. 하나님은 우리가 예수님을 믿을 때 성령님을 보내 주셔서 우리 안에 거하신답니다.

보물 지도

가스펠 프로젝트

[준비물] 학생용 교재 30쪽, 77쪽 가스펠 프로젝트 마크, 연필, 가위

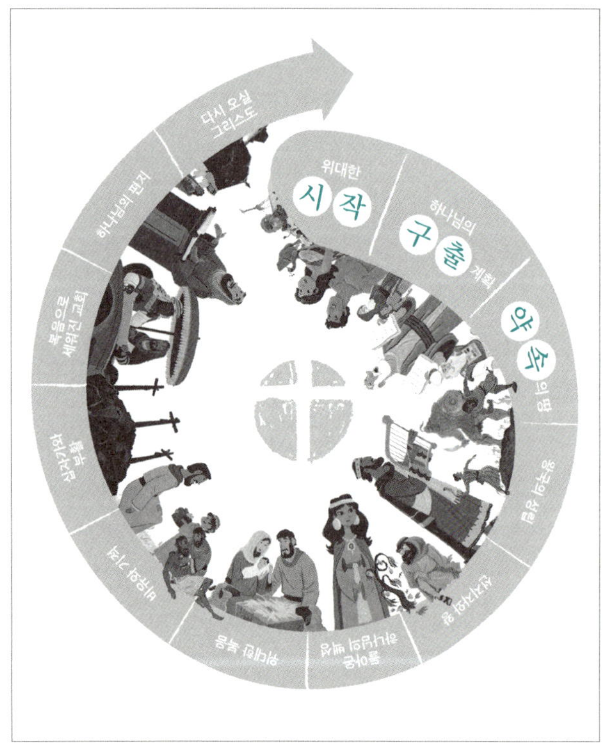

① 빈칸에 '가스펠 프로젝트'(하나님의 구원 계획)의 제목들을 적게 한다.

② 77쪽의 가스펠 프로젝트 마크를 오려 게임 말을 준비하게 한다.

③ 둘씩 짝을 짓고, 묵찌빠 게임으로 이길 때마다 한 칸씩 전진해 '다시 오실 그리스도'에 먼저 도착하면 승리한다.

— 하나님은 아브라함, 이삭, 야곱에게 하신 약속, 즉 그들의 후손을 약속의 땅으로 인도하겠다는 약속을 지키셨어요. 가나안에 도착하기까지 이스라엘 백성이 겪었던 일들을 기억하나요? 흉년을 피해 이집트로 이사하고, 노예가 되고, 놀라운 기적으로 이집트에서 탈출하고, 광야의 훈련을 거쳐 약속의 땅에 도착하고, 정복 전쟁을 하며 승리하기도 하고 패배하기도 한 이스라엘 백성을 떠올리면 어떤 생각이 드나요? 하나님은 반복해서 죄를 짓는 그들을 위해 어떤 계획을 세우셨나요? 하나님은 예수님을 이 땅에 보내셔서 십자가에서 죽으시고 부활하게 하셨어요. 그래서 예수님을 믿는 사람은 누구든지 죄를 용서받을 수 있게 되었답니다.

알쏭달쏭, 초성 퀴즈 ✱

[준비물] 성경, 초성 퀴즈를 적은 카드

① 초성 카드를 하나씩 보여 주며 퀴즈를 낸다.

예) ㅇㅂㄹㅎ(아브라함), ㅇㅅ(이삭), ㅇㄱ(야곱), ㅁㅅ(모세), ㅇㄹ(아론), ㅎㅎ(홍해), ㄱㅇ(광야), ㅇㄷㄱ(요단 강), ㅇㄹㄱㅅ(여리고 성) 등.

② 아이들이 정답을 맞히면 해당 인물이나 장소, 사건들을 기억하는지 물어보고 설명하게 한다.

예) · ㅇㅂㄹㅎ(아브라함) : 하나님은 아브라함을 축복하겠다고 약속하셨어요.

   · ㅇㄱ(야곱) : 야곱은 에서의 축복을 훔쳤어요.

   · ㅁㅅ(모세) : 하나님은 모세를 통해 이스라엘 백성을 이집트 포로 생활에서 구출해 내셨어요.

   · ㄱㅇ(광야) : 하나님을 믿지 않은 이스라엘 백성은 40년간 광야에서 떠돌았어요.

— 여호수아는 이스라엘 백성에게 하나님만 섬기도록 권면했어요. 하나님이 그들을 위해 행하신 모든 일을 떠올려 주었지요. 하나님은 이스라엘을 위해 싸우셔서 그들이 약속의 땅을 얻을 수 있도록 도와주셨어요. 하나님이 여러분에게도 약속을 지키실 것이라고 믿나요? 하나님은 예수님을 이 땅에 보내셔서 십자가에서 죽으시고 부활하게 하셨어요. 예수님을 믿는 사람은 누구든지 죄를 용서받을 수 있어요.

탐험하기

미로를 통과해 약속의 땅으로

[준비물] 학생용 교재 31쪽, 연필

① 약속의 땅으로 가는 미로를 통과하게 한다. 여호수아가 이스라엘 백성에게 전한 특별한 메시지를 따라가면 된다고 말해 준다.

② 아이들이 어려워하면 성경을 펴고 여호수아 24장 15절을 찾아 보게 한다.

여호수아는 훌륭한 지도자였어요. 모세가 그러했던 것처럼 여호수아도 죽기 전에 이스라엘 백성을 불러 모아 마지막 메시지를 전했어요. 그 마지막 메시지는 무엇인가요? "오직 나와 내 집은 여호와를 섬기겠노라"였어요. **여호수아는 이스라엘 백성에게 하나님만 섬기도록 권면했어요.**

격려의 편지 ✱

[준비물] 종이, 사인펜, 상자나 봉투

① 종이와 사인펜을 나누어 주고 예배실에 있는 친구들을 격려하는 편지를 쓰게 한다.

② 자신의 이름은 밝히지 않아도 되지만 받는 사람의 이름은 쓰라고 하고, 편지를 걷은 다음 상자에 넣고 섞는다.

③ 편지를 한 장씩 뽑아 크게 읽어 준다.

우리는 집에서나 학교에서 어려운 상황을 만나 절망하거나 낙담할 때가 있어요. 그럴 때는 격려가 필요하지요. 성경은 우리에게 매일 서로 권면해 누구든지 죄의 유혹에 빠지지 않게 하라고 말해요(히 3:13). 우리가 서로 하나님을 사랑하고 섬기도록 격려할 수 있는 방법에는 무엇이 있을까요?

보물 상자

나만의 기록장

[준비물] 학생용 교재 32쪽, 연필이나 색연필

여호수아는 이스라엘 백성에게 하나님만 섬기도록 권면했어요. 여호수아는 이스라엘 백성에게 가나안에 사는 사람들이 섬기는 우상을 섬기지 말라고 경고했어요. 요즘에는 신상에 절하는 사람들은 거의 없어요. 그렇지만 때로는 우리가 매우 사랑하는 것이 우상이 되기도 해요. 우리가 섬기는 우상에는 어떤 것들이 있을까요?

① 하나님 외에 다른 것을 의지하거나 섬기고 싶은 적이 있었는지 물어보고 각자의 우상을 그림이나 글로 표현하게 한다.

② 우상을 표현한 그림이나 글 위에 ✕ 표시를 해 지우게 한다. 1단원의 '성경의 초점' 질문과 답을 쓰게 해도 좋다.

우리는 무엇을 믿어야 할까요? 우리는 하나님이 우리를 돌보신다는 것을 믿어요. 하나님은 우리의 예배를 받기 합당한 분이세요. 하나님만 유일한 진짜 신이시기 때문이지요. 하나님은 우리 한 사람 한 사람을 사랑하셔서 아들이신 예수님을 보내 주셨어요. 예수님은 십자가에서 죽으시고 부활하셔서 우리를 죄로부터 구원하셨지요. 하나님은 선하시고 신실하세요!

메시지 카드

이번 주 메시지 카드로 부모님과 함께 오늘 배운 성경 이야기를 나누어 보라고 한다.

기도

신실하게 약속을 지키시는 하나님, 감사합니다. 이스라엘 백성을 약속의 땅으로 인도해 주시고 여호수아와 함께하신 하나님, 하나님만을 찬양하고 섬기기를 원합니다. 우리 모두 죄인인 것을 기억하게 해 주시고, 그래서 예수님이 꼭 필요하다는 사실을 잊지 않게 해 주세요. 하나님은 구원의 약속을 꼭 지키시는 분이라는 것을 잊지 않게 해 주세요. 우리가 다른 사람들에게 하나님을 자랑스럽게 소개할 수 있도록 우리와 함께하시고 도와주세요. 예수님의 이름으로 기도합니다. 아멘.

2 다스리시는 하나님

하나님의 백성이 계속해서 죄의 악순환을 반복했기 때문에 하나님은 사사들을 세우셔서 그들을 하나님께로 되돌리셨습니다. 사사들이 살아 있는 동안에 하나님은 사사들을 통해 하나님의 백성을 대적들로부터 구해 주셨습니다. 하지만 사사가 죽고 나면 이스라엘 백성은 다시 죄에 빠져들었고, 고통 속에서 또 다른 사사를 통한 구원을 갈구했습니다.

사사들이
이스라엘 백성을
이끌었어요

드보라와 바락이
노래했어요

겁쟁이 기드온이
용사가
되었어요

The Gospel Project

삼손에게
다시
힘을 주셨어요

룻과 나오미를
보살펴 주셨어요

하나님이 사무엘에게
말씀하셨어요

카운트다운 – 어지러운 세상

카운트다운 영상(지도자용 팩)을 틀고 예배 준비 자세를 취하도록 격려한다. 예배가 시작되는 시간에 영상이 끝나도록 맞추어 놓는다. 영상이 끝나기 30초 전에 예배 인도자는 정 위치에 서서 조용히 기도하는 모범을 보인다.

무대 배경 – 패밀리 레스토랑

패밀리 레스토랑처럼 장식하고 예배실 앞에 테이블 두 개와 의자 몇 개를 놓아 둔다. 화이트보드에 메뉴와 오늘의 스페셜 메뉴를 써 둔다. 테이블 위에 접시나 숟가락 등을 놓아 꾸며도 좋다. 화면에 패밀리 레스토랑 배경 이미지(지도자용 팩)를 띄운다.

6 사사들이 이스라엘 백성을 이끌었어요

삿 3:7~31

본문 속으로

여호수아가 죽고 난 후 이스라엘에는 지도자가 없었습니다. 사람들은 각각의 사사가 통치할 때마다 죄악의 악순환 속으로 반복해 빠져들어 갔습니다. 그 악순환은 'A(죄)-B(고통:속박)-C(회개:부르짖음)-D(구원:사사)-E(평화)' 패턴으로 반복되었습니다. 그 패턴을 이해할 수 있도록 첫 번째 사사 옷니엘에 대해 살펴보겠습니다(삿 3:7~11).

첫 번째(A), 이스라엘 백성은 하나님께 등을 돌리고 다른 신들을 섬겼습니다. 두 번째(B), 그들은 속박당하며 고생하게 되었는데, 하나님이 이스라엘에게 진노하심으로 그들을 아람 왕의 손에 파셨기 때문입니다. 세 번째(C), 고통스러웠던 이스라엘 백성은 하나님께 부르짖었습니다. 네 번째(D), 하나님은 그들을 구원하기 위해 구원자 옷니엘을 사사로 보내셨습니다. 다섯 번째(E), 이스라엘 백성은 그 땅에서 40년간 평온히 거하게 되었고, 후에 옷니엘은 죽음을 맞이했습니다.

이러한 패턴은 두 번째 사사 에훗 때에도 계속되었습니다. 이스라엘 백성은 다시 하나님께 등을 돌렸고, 그들의 배교로 진노하신 하나님은 모압 왕을 강하게 만드셔서 이스라엘을 이기고 속박하게 하셨습니다. 이스라엘 백성은 18년 동안 모압 왕을 섬겨야 했습니다. 모압 사람들, 특히 그들의 왕은 늘 풍족하게 먹곤 했습니다. 그들은 이스라엘 백성이 굶을 때에도 그들이 열심히 일해 상납한 과일들을 배불리 먹었습니다.

사사 에훗은 좌우에 날 선 칼을 숨긴 채 조용히 왕을 독대하는 가운데 왕의 배를 찔러 죽인 후 빠져나왔습니다. 기름이 칼날에 엉겼기 때문에 에훗은 칼을 빼낼 수가 없었습니다. 이후 이스라엘은 모압 족속을 물리쳤고, 그 땅은 80년 동안 평온했습니다. 그러나 에훗이 죽자 이스라엘 백성에게는 그들을 인도할 또 다른 사사가 필요했습니다.

이스라엘 백성은 사사보다 더 나은 존재를 필요로 했습니다. 그들에게는 자신들이 지은 죄의 결과뿐 아니라 죄 자체로부터 그들을 구원해 줄 왕이 필요했습니다. 이 모든 것이 하나님의 계획의 일부였습니다. 하나님은 구원자를 보내셨습니다. 하나님의 아들이신 예수님은 우리의 죄를 위해 죽으셨고, 죄와 죽음의 권세로부터 우리를 완전히 구원하셨습니다.

주제

하나님의 백성이 하나님께 등을 돌리고 우상을 섬겼어요.

가스펠 링크

사사들은 이스라엘 백성을 죄로 인해 겪는 고통에서 구했지만, 예수님은 하나님의 백성을 죄에서 완전히 구원하세요.

●● 티칭 포인트

아이들에게 이스라엘 백성이 하나님께 저지른 죄가 무엇인지 정확하게 알려 주십시오. 십계명 중 제1계명이 말하듯, 하나님은 우상 숭배를 가장 싫어하십니다. 그들은 약속의 땅에서 살면서 하나님을 잊어버렸고 우상을 숭배함으로 하나님을 배신했습니다. 사사 시대에 그들은 끊임없이 죄악과 회복의 악순환을 반복했습니다. 우리도 죄를 짓고 회개하는 일을 반복합니다. 우리에게 죄의 문제를 완전히 해결해 줄 구원자가 필요하다는 것을 아이들에게 가르쳐 주십시오.

사사들이 이스라엘 백성을 이끌었어요 삿 3:7~31

여호수아가 죽자 이스라엘 백성은 하나님께 불순종하고 이방 신들을 섬겼어요. 그들은 하나님만 유일한 진짜 신이시라는 사실을 잊어버렸어요. 하나님은 이스라엘의 대적인 아람이 이스라엘을 정복하게 하셨어요. 이스라엘은 아람을 8년 동안 섬겼어요.

고통스러웠던 이스라엘 백성은 하나님을 사랑하고 하나님께 순종했던 때를 떠올렸어요. 그들은 하나님께 구원해 달라고 부르짖었어요. 하나님은 이스라엘 백성이 하나님을 사랑하고 하나님께 순종하기 원하셨어요. 그래서 옷니엘을 첫 번째 사사로 세우셨어요. 옷니엘은 대적과 싸웠고, 하나님은 이스라엘에게 승리를 주셨어요. 그 땅은 40년 동안 평온했어요.

그러나 옷니엘이 죽자 이스라엘 백성은 다시 하나님을 잊어버렸어요. 하나님은 모압을 보내서서 이스라엘이 전쟁에서 패배하게 하셨어요. 이스라엘 백성은 모압 왕 에글론을 18년 동안 섬겼어요. 고통에 빠진 이스라엘 백성은 하나님을 사랑하고 하나님께 순종했던 때를 떠올렸어요. 그들은 하나님께 구원해 달라고 부르짖었어요. 그래서 하나님은 에훗을 사사로 세워 그들을 구원하셨어요.

이스라엘 백성은 모압 왕 에글론에게 바칠 선물을 에훗을 통해 보냈어요. 에훗은 양쪽에 날이 달린 짧은 칼을 만들어 자기 옷 속 오른쪽 허벅지에 숨기고는 모압 왕을 만나러 갔어요. 모압 왕은 매우 뚱뚱한 사람이었어요. 에훗은 선물을 바친 후에 혼자 돌아와 모압 왕에게 비밀스럽게 드릴 말씀이 있다고 말했어요. 왕은 사람들을 내보내고 시원한 다락방에서 홀로 앉아 에훗을 맞이했어요. 에훗이 "제가 왕께 드릴 하나님의 말씀을 갖고 왔습니다"라고 말하자 왕이 일어섰어요. 그때 에훗은 왼손으로 칼을 뽑아 왕의 배를 찔렀어요. 어찌나 뚱뚱했던지 칼이 지방에 엉겨 붙어 빠지지 않았답니다!

에훗은 다락방의 문들을 잠그고 신하들이 들어오기 전에 몰래 빠져나갔어요. 신하들은 다락문들이 잠긴 것을 보고 '왕이 시원한 다락방에서 용변을 보고 계시나 보다' 하고 생각했어요. 그런데 오래 기다려도 왕이 나오지 않자 걱정이 되어 문을 열었더니 왕이 땅에 엎드러져 죽어 있었어요!

도망친 에훗은 나팔을 불었고, 이스라엘의 지도자가 되어 "나를 따르십시오! 여호와께서 우리의 원수 모압을 우리의 손에 넘겨주셨습니다!" 하고 외쳤어요. 이스라엘 백성은 모압과 싸워 이겼어요. 그리고 그 땅은 80년 동안 평온했어요.

에훗이 죽은 후 하나님은 세 번째로 삼갈을 이스라엘의 사사로 세우셨어요. 그는 소 모는 막대기로 블레셋 사람 600명을 죽게 했고, 이스라엘을 구원했어요.

● ● 가스펠 링크

사사들은 죄로 인해 고통을 겪는 이스라엘 백성을 구했어요. 그렇지만 죄의 근본 원인으로부터 구원할 수는 없었어요. 하나님의 계획은 언젠가 진정한 구원자이신 아들 예수님을 보내서서 하나님의 백성의 왕이 되게 하시는 것이었어요. 예수님은 하나님의 백성을 죄에서 영원히 구원하세요.

환영

도착하는 아이들을 반갑게 맞이하고 헌금, 출석, QT 등을 확인하며 격려한다. 새 친구가 있다면 소개한다. 편안한 분위기에서 안부를 물으며 오늘의 말씀과 관련된 화제로 이야기를 나눈다. 아이들에게 역사에 나오는 훌륭한 지도자들에 대해 이야기를 나누어 보게 한다. 자발적으로 대화에 참여하도록 이끈다.

예) "훌륭한 지도자의 조건은 무엇일까요?", "어떤 사람을 가장 닮고 싶나요? 그 이유를 말해 줄래요?" 등.

 앞으로 몇 주 동안 우리는 '사사'라고 불렸던 사람들에 대해 배울 거예요. 사사들은 이스라엘 백성을 대적으로부터 보호하고 그들이 하나님을 섬기도록 도왔어요.

마음 열기

사사 시대, 죄의 악순환 패턴 *

[준비물] 죄의 악순환 카드(109쪽), 가위

① 109쪽 죄의 악순환 카드를 오려서 준비해 놓은 후 숫자 점이 보이는 쪽이 위를 향하도록 바닥에 펼쳐 놓는다.

　예) · 1-죄 : 이스라엘 백성은 하나님께 죄를 지었어요.

　　 · 2-고통 : 이스라엘 백성은 대적에게 정복당했어요.

　　 · 3-회개 : 이스라엘 백성은 하나님께 부르짖었어요.

　　 · 4-구원 : 하나님이 구원자를 보내셨어요. 바로 사사예요.

　　 · 5-평화 : 이스라엘 백성은 다시 평화를 찾았어요.

② 아이들에게 번호 순서대로 카드를 한 장씩 가져와 뒷면 문장이 위를 향하게 펼쳐 놓게 한다.

③ 게임을 몇 번 반복해 순서가 익숙해지면 카드를 문장이 위를 향하게 한 채 섞은 뒤 순서대로 배열하게 한다.

 오늘의 성경 이야기는 성경책 중에서 '사사기'에 나오는 이야기예요. 사사 시대에는 계속 비슷한 일이 반복되었어요. 여러분은 사사가 무엇을 하는 사람인지 알고 있나요? 사사에 대해 들어 본 사람이 있나요? 아이들의 대답을 기다린다. 사사는 하나님이 이스라엘을 다스리기 위해 세우신 사람들이었어요.

사사와 도적들 *

[준비물] 스톱워치

① 두 팀으로 나누고 '사사'와 '도적들' 역할을 각각 맡긴다. 공격 시간(3분 내외)을 알려 준다.

② 사사 팀에서 한 명을 사사로 뽑아 가운데 세우고, 나머지 아이들은 바깥쪽을 바라보고 손을 잡고 둥글게 서게 한다.

③ 도적들 팀은 원의 바깥을 돌며 기회를 엿보아 원 안으로 진입해야 한다고 말해 준다.

④ 사사는 "도적은 나가라"라고 외치며, 원 안으로 진입한 도적을 다시 원 밖으로 쫓아낼 수 있다.

⑤ 정해진 시간이 지나면 사사와 도적들 역할을 바꾸어 게임을 진행한다.

 오늘의 성경 이야기에 등장하는 사사 에훗은 적의 왕을 물리쳤어요. 오늘 우리는 사사가 누구인지, 그리고 왜 이스라엘 백성에게 사사가 필요했는지에 대해 배울 거예요.

가스펠 설교

15~30분

 들어가기

[준비물] 패밀리 레스토랑 종업원 복장(단색 셔츠, 정장 바지, 앞치마, 이름표), 공책, 연필

패밀리 레스토랑 종업원 복장을 하고 이름표를 단 채 들어온다. 주문을 받기 위한 공책과 연필이 손에 들려 있다.

안녕하세요, 여러분! 저희 레스토랑에 처음 방문하셨나요? 저는 ○○○입니다. 오늘 여러분의 주문을 담당하게 되었습니다. 여러분이 생각하실 수 있는 모든 음식이 가능하답니다. 메뉴판을 보여 드릴까요? 메뉴판을 찾다가 메뉴판이 없다는 사실을 발견한 척한다. 어? 제가 메뉴판을 어디다 두었지요? 뭐, 괜찮습니다. 오늘의 스페셜 메뉴는 기억하고 있거든요. 오늘의 스페셜 메뉴는 연어 샐러드 수프와 햄과 콩을 넣은 샌드위치였던 것 같아요. 아닌가? 연어 샐러드 샌드위치와 햄과 콩을 넣은 수프였나? 어깨를 으쓱한다. 아무래도 저는 이 일을 계속할 수 없을 것 같아요. 기억하려 해도 계속해서 잊어버리거든요!

연대표

약속의 땅을 정탐했어요

늦뱀을 바라보았어요

하나님이 여리고 성을 주셨어요

죄 때문에 아이 성 전투에서 졌어요

여호수아가 당부했어요

사사들이 이스라엘 백성을 이끌었어요

여러분도 알다시피 이스라엘 백성은 중요한 일들을 제대로 기억하지 못했어요. 연대표에서 지난 성경 이야기들을 가리킨다. 이스라엘 백성은 40년을 광야에서 떠돌아다닌 후에야 여호수아의 인도를 따라 약속의 땅으로 들어갈 수 있었어요. 여호수아는 나이가 들어 죽기 전에 이스라엘 백성을 모두 불러 모은 후 하나님의 율법을 전하면서 순종하라고 당부했어요. 여호수아는 그들에게 하나님을 사랑하고, 유일한 진짜 신이신 하나님만 예배하라고 말했지요.

연대표에서 오늘의 성경 이야기를 가리킨다. 그런데 안타깝게도 이스라엘 백성은 오래가지 않아 하나님을 잊어버렸답니다. 그들은 주변 가나안 사람들이 섬기는 우상을 섬기기 시작했어요. 여러분은 어떻게 생각하는지 모르지만, 제가 보기에는 재앙의 시작처럼 들리네요!

 성경의 초점

하나님은 전지전능하신 분이며 선하신 분이에요. 하나님은 이스라엘 백성이 하나님께 오랫동안 순종하지 않을 것을 알고 계셨어요. 따라서 하나님은 사사를 보내서 이스라엘 백성을 대적들로부터 구원하시고 하나님께로 돌이키게 하셨어요. 앞으로 몇 주 동안 함께 공부할 2단원 '성경의 초점' 질문은 **"하나님은 어떻게 하나님의 계획을 이루시나요?"**예요. 오늘의 성경 이야기를 들으면서 질문에 대한 답을 함께 생각해 보아요.

 성경 이야기

사사기 3장 7~31절을 펴고, 설교 영상(지도자용 팩)을 보여 주거나 이야기 성경을 들려준다.

하나님의 백성이 하나님께 등을 돌리고 우상을 섬겼어요. 그들이 하나님 대신 우상을 섬기자 하나님은 대적들로 하여금 이스라엘을 정복하게 하셨어요. 고통스러웠던 이스라엘 백성은 하나님이 항상 자신들을 돌보아 주셨다는 사실을 기억했어요. 그들은 하나님께 도움을 구했어요. 이스라엘 백성이 도움을 구했을 때 하나님은 어떻게 반응하셨나요? "너희가 알아서 해라"라고 말씀하셨나요? 아니에요! 하나님은 사사들을 택하셔서 그들을 통해 이스라엘 백성을 구해 주셨고, 하나님을 다시 섬기게 하셨답니다.

2단원의 '성경의 초점' 질문이에요. **"하나님은 어떻게 하나님의 계획을 이루시나요?"** 정답은 **"하나님은 사람들을 통해 하나님의 계획을 이루세요. 하나님의 계획은 하나님의 영광을 드러내고 사람들에게는 유익해요"**랍니다. 아이들과 함께 '성경의 초점'을 한 번 더 반복한다.

사사들이 이스라엘을 구원하고 난 뒤에는 어떻게 되었을까요? 모든 것이 제자리로 돌아가고 이스라엘 백성은 언제나 하나님을 섬겼을까요? 아니에요! 사사가 죽자 그들은 다시 죄를 짓는 생활로 돌아갔어요. 사사들은 죄로 인해 고통을 겪는 이스라엘 백성을 구했어요. 그렇지만 죄의 근본 원인으로부터 구원할 수는 없었어요. 하나님의 계획은 언젠가 진정한 구원자이신 아들 예수님을 보내셔서 자기 백성의 왕이 되게 하시는 것이었어요. 예수님은 자기 백성을 죄에서 완전히 구원하세요.

복 / 습 / 질 / 문

다음 질문의 답이 '옷니엘'이면 엄지와 검지를 펴서 'ㄴ' 자를 만들고, '에훗'이면 엄지와 검지를 모아 둥글게 하고 다른 손 검지와 중지를 올려서 'ㅎ' 자를 만들어 보여 주세요. 또한 '삼갈'이라면 양손 검지로 'ㅅ' 자를 만들어 보여 주세요.

1 첫 번째 사사는 누구인가요?

옷니엘, ㄴ (삿 3:9)

2 두 번째 사사는 누구인가요?

에훗, ㅎ (삿 3:15)

3 세 번째 사사는 누구인가요?

삼갈, ㅅ (삿 3:31)

4 모압 왕을 이긴 사사는 누구인가요?

에훗, ㅎ (삿 3:30)

5 이스라엘에 40년 동안 평온을 가져다준 사사는 누구인가요?

옷니엘, ㄴ (삿 3:11)

6 칼을 감춘 사사는 누구인가요?

에훗, ㅎ (삿 3:16)

7 하나님은 어떻게 하나님의 계획을 이루시나요?

하나님은 사람들을 통해 하나님의 계획을 이루세요. 하나님의 계획

은 하나님의 영광을 드러내고 사람들에게는 유익해요.

복음 초청

성경과 37쪽 복음 초청 가이드를 이용해서 아이들에게 그리스도인이 되는 법을 설명해 준다. 따로 상담해 줄 사람을 정해 주고 궁금한 점이 있으면 물어보도록 격려한다.

이 시간 예수님을 마음에 모시고 싶은 친구는 함께 기도해요.

기도

사랑하는 하나님, 하나님을 믿는 자들을 사랑해 주셔서 감사합니다. 하나님이 행하시는 일에는 항상 하나님의 영광이 드러나고 하나님은 언제나 우리를 선한 길로 인도하신다는 것을 알게 해 주셔서 감사합니다. 우리가 하나님을 신뢰할 수 있게 도와주세요. 예수님의 이름으로 기도합니다. 아멘.

적용

TIP 설교 도입이나 적용으로 활용하거나 영상을 본 뒤 소그룹에서 풍성한 대화를 이어 갈 수 있습니다.

여러분은 경고를 들으면 잘 따르나요? 다음 영상을 함께 보아요.

적용 예화 영상(지도자용 팩)을 보여 준다.

프로스티는 경고를 무시하고 문제를 일으켰어요. 프로스티를 도와주어야 할까요? 아이들의 대답을 기다린다.

여호수아는 죽기 전에 이스라엘 백성에게 하나님을 잊어버리면 벌을 받게 될 것이라고 경고했어요. 그러나 이스라엘은 하나님을 잊어버리고 말았어요! 그들은 구원받을 자격이 있었나요? 아이들의 대답을 기다린다. 그런데 왜 하나님은 그들을 구원해 주셨나요? 우리는 죄로부터 구원받아야 해요. 우리는 구원받을 자격이 있을까요? 없어요. 하나님은 우리가 죄를 지었기 때문에 우리를 벌하실 수 있어요. 하지만 우리를 사랑하시기에 예수님을 보내셔서 우리를 죄로부터 구원해 주셨답니다. 비록 우리에게 자격이 없지만 용서받은 것을 가리켜 '은혜'라고 해요.

가스펠 소그룹 

🧭 나침반

포스트잇 암송

"대저 여호와는 우리 재판장이시요 여호와는 우리에게 율법을 세우신 이요 여호와는 우리의 왕이시니 그가 우리를 구원하실 것임이라"(사 33:22).

[준비물] 2단원 암송(108쪽), 포스트잇

① 포스트잇으로 암송 구절의 단어를 몇 개씩 가리며 읽어 본다.

② 암기하는 정도에 따라 가리는 단어의 수를 조절하며 충분히 익힌다.

＝＝ 이스라엘 백성은 하나님의 율법에 순종하고, 하나님을 왕으로 섬기며, 그분이 인도하시는 대로 따라야 했어요. 그러나 그들은 하나님이 재판장이시자 율법을 세우신 이며 왕이시라는 것을 기억하지 못했어요. 이스라엘 백성이 우상을 섬기고 하나님을 떠나 대적에게 고통당하고 있을 때 하나님은 백성의 부르짖음을 들으시고 사사들을 세워 그들을 구해 주셨어요. 그러나 사사들은 죄의 문제를 완전히 해결하지는 못했어요. 하나님의 아들이신 예수님만이 우리를 죄의 근원으로부터 완전히 구원해 주세요.

📜 보물 지도

전쟁에서 이기는 비결

[준비물] 학생용 교재 36쪽, 연필이나 색연필

① 그림에서 전쟁 무기(활, 화살, 칼, 방패, 창, 해머)를 찾아 ◯표 하게 한다.

② 전쟁의 승패를 가르는 핵심요인에 대해 이야기를 나누어 본다.

＝＝ 이스라엘 백성이 대적들과의 전쟁에서 이긴 진짜 비결은 바로 하나님이었어요. 하나님은 이스라엘의 전쟁을 도와주셨지요. 우리가 힘들고 어려울 때 하나님께 기도하면 하나님이 도와주세요.

골든 벨을 울려라!

[준비물] 성경, 종

① 성경에서 사사기 3장 7~31절을 펴서 오늘의 성경 이야기를 복습한 뒤, 아이들을 두 팀으로 나누고 서로 마주 보고 앉게 한다.

② 두 팀 사이에 종을 놓은 뒤, 인도자가 질문을 하면 정답을 아는 아이는 종을 울리고 정답을 말하게 한다.

1 하나님은 왜 대적들이 이스라엘을 정복하게 하셨나요?

하나님의 백성이 하나님께 등을 돌리고 우상을 섬겼어요 (삿 3:7)

2 고통스러웠던 이스라엘 백성은 하나님을 기억하고 어떻게 했나요?

하나님께 도와 달라고 부르짖었다 (삿 3:9)

3 이스라엘의 첫 번째 사사는 누구인가요?

옷니엘 (삿 3:9)

4 옷니엘이 죽은 후 어떤 일이 일어났나요?

이스라엘 백성은 하나님을 다시 잊어버렸다 (삿 3:12)

5 이스라엘의 두 번째 사사는 누구인가요?

에훗 (삿 3:15)

6 이스라엘의 세 번째 사사는 누구인가요?

삼갈 (삿 3:31)

7 에훗이 죽은 후에 이스라엘 땅은 몇 년간 평온했나요?

80년 (삿 3:30)

8 하나님은 어떻게 하나님의 계획을 이루시나요?

하나님은 사람들을 통해 하나님의 계획을 이루세요. 하나님의 계획은 하나님의 영광을 드러내고 사람들에게는 유익해요.

＝＝ 이스라엘 백성은 하나님과 하나님이 그들을 위해 행하신 일을 잊어버렸어요. 사사들은 죄로 인해 고통을 겪는 이스라엘 백성을 구했지만 죄의 근본 원인을 해결하지는 못했어요. 하나님의 계획은 언젠가진정한 구원자이신 예수님을 보내셔서 자기 백성의 왕이 되게 하시는 것이었어요. 예수님은 자기 백성을 죄에서 완전히 구원하세요.

 ## 탐험하기

보물섬을 향해 출발!

[준비물] 학생용 교재 37쪽, 색연필

① 보물 지도에 보석이 모두 몇 개 있는지 찾아보고 개수를 적게한다.

② 더 많은 보물이 숨겨진 보물 상자가 어디에 있을지 상상해 보고 **퀴즈**를 풀면서 보물 상자가 숨겨진 곳을 찾아 〇표 하게 한다.

③ 다른 것에 마음을 빼앗기지 말고 보물에 집중하라고 주의를 준다.

ㅡㅡ 우리는 약속을 자주 잊어버려요. 하지만 보물섬을 찾아가듯이 약속을 기억하고 그 길로만 가야 목적지에 도착할 수 있답니다. 이스라엘 백성은 하나님의 율법에 순종하고, 하나님을 왕으로 섬기며, 그분이 인도하시는 대로 따라야 했어요. 하나님이 우리에게 영원한 왕이신 예수님을 보내 주셨다는 사실을 꼭 기억해요. 예수님은 우리를 구원하셨고, 우리가 순종할 때 선한 길로 인도해 주세요.

사사가 가라사대

① '가라사대 게임'과 같은 방식으로 게임을 진행하되, '가라사대' 대신 '사사가 가라사대'로 한다. 인도자가 '사사가 가라사대'를 붙여 말하면 지시대로 따라 하고, 붙이지 않으면 따라 하지 않는 게임이다.

② 인도자가 '사사가 가라사대'를 붙이거나 붙이지 않고 웃긴 행동이나 따라 하기 어려운 동작을 지시하며 게임을 계속한다.

예) "사사가 가라사대 엉덩이로 이름을 쓰세요"(따라 하지 않으면 탈락), "왼손으로 이응을 써 보세요"(따라 하면 탈락), "잘했어요, 박수!"(따라 하면 탈락) 등.

ㅡㅡ 사사의 말에 항상 순종하는 것이 어려웠지요? 이스라엘 백성은 하나님께 불순종했어요. **하나님께 등을 돌리고 우상을 섬겼어요.** 그러자 하나님은 대적들이 이스라엘을 정복하게 하셨어요. 고통스러웠던 이스라엘 백성은 하나님의 선하심을 기억하고 하나님께 도움을 구했어요. 하나님은 사사들을 통해 그들을 구하셨지요. 그러나 사사들은 이스라엘 백성이 죄를 짓지 못하도록 막지는 못했어요. 오직 예수님만이 우리를 죄에서 구원하시고 우리의 마음을 변화시키셔서 우리가 하나님을 기뻐하는 삶을 살 수 있게 도와주세요.

보물 상자

나만의 기록장

[준비물] 학생용 교재 38쪽, 연필이나 색연필

① 하나님과 이스라엘 백성이 맺은 약속이 무엇인지 이야기해 보고 이스라엘 백성이 하나님과의 약속을 잊었다는 사실을 말해 준다.

② 아이들에게 하나님과의 약속을 떠올려 보게 한다.

③ 오늘의 성경 이야기에서 알게 된 하나님은 어떤 분이신지 그림이나 글로 표현해 보게 한다.

ㅡㅡ 이스라엘 백성은 약속을 지키지 않았지만 하나님은 그들이 부르짖자 사사를 통해 도와주셨어요. 하나님은 우리가 어려운 상황에 빠졌을 때 우리를 도와주시는 분이에요. 언제나 우리와 함께하시고, 우리의 기도에 응답해 주세요.

메시지 카드

이번 주 메시지 카드로 부모님과 함께 오늘 배운 성경 이야기를 나누어 보라고 한다.

기도

하나님, 이스라엘 백성을 돌보아 주셔서 감사합니다. 그들이 약속을 지키지 않을 때도 사사들을 보내 보호해 주셔서 감사합니다. 그리고 아들이신 예수님을 이 땅에 보내 주셔서 영원히 우리를 지키고 보호해 주셔서 감사합니다. 늘 예수님을 사랑하고 기억하도록 도와주세요. 또한 하나님과 맺은 약속을 매일 기도하며 지켜 갈 수 있도록 도와주세요. 사랑합니다. 예수님의 이름으로 기도합니다. 아멘.

7

드보라와 바락이 노래했어요

삿 4~5장

에훗의 죽음 이후에도 사사들의 시대는 이어졌습니다. 이스라엘 백성은 계속해서 'A(죄)-B(고통:속박)-C(회개:부르짖음)-D(구원:사사)-E(평화)' 패턴을 반복했습니다. 이번에 이스라엘 백성은 가나안 왕에게 억압을 당했습니다. 이때는 드보라가 이스라엘의 사사였습니다. 드보라는 바락을 불러 격려하고 군대를 일으켜 가나안 군대와 그 지도자인 시스라를 물리치게 했습니다.

드보라는 바락에게 하나님이 시스라와 군대를 그의 손에 붙이시리라는 확신을 주었습니다(삿 4:6~7). 하지만 바락은 드보라가 함께 간다면 자기도 가겠노라고 말했습니다. 드보라는 자신이 함께 가겠지만 바락이 그 전투로 인해 영광을 얻지는 못할 것이라고 했습니다. 하나님은 한 여인을 들어서 시스라를 치실 계획을 갖고 계셨습니다.

바락이 1만 명의 군사들을 이끌고 다볼 산에서 내려갔을 때 "여호와께서 바락 앞에서 시스라와 그의 모든 병거와 그의 온 군대를 칼날로 혼란에 빠지게 하시매"(삿 4:15) 시스라의 온 군대가 다 칼에 엎드러졌고 한 사람도 남은 자가 없었습니다. 하지만 시스라는 죽지 않고 도망쳤습니다. 시스라는 걸어서 도망쳐 겐 사람 헤벨의 아내 야엘의 장막에 도착했습니다. 그녀는 시스라를 맞아들였고 마실 것을 주었습니다. 그리고 시스라가 잠든 사이 장막 말뚝을 그의 관자놀이에 박아서 죽였습니다.

사사기 5장은 드보라와 바락이 이날 하나님이 가나안 족속을 물리치신 것을 기뻐하며 부른 승리의 노래를 기록한 것입니다. 그 땅은 40년간 평온했습니다.

이스라엘은 그들의 죄로 인해 20년 동안 패배를 경험했습니다. 하나님은 이스라엘을 위해 싸우셨고, 드보라와 바락, 그리고 야엘을 사용하셔서 가나안과 싸워 승리를 얻게 해 주셨습니다.

● ● 티칭 포인트

주제

이스라엘 백성은 그들을 대적들로부터 구원해 줄 누군가가 필요했어요.

가스펠 링크

하나님은 하나님의 사람들을 부르시고 상황을 사용하셔서 우리를 원수들로부터 구원하시고, 예수 그리스도를 통해 완전한 구원을 이루세요.

드보라와 바락이 노래했어요 _{삿 4~5장}

에훗과 삼갈은 이스라엘을 다스리던 사사였어요. 그들이 죽은 후 이스라엘 백성은 하나님을 또다시 잊어버렸어요. 그래서 하나님은 가나안 왕 야빈이 이스라엘을 정복하게 하셨어요. 가나안 군대장관의 이름은 시스라였어요. 야빈은 악한 지도자였고 이스라엘을 20년 동안 심하게 억압했어요. 고통스러웠던 이스라엘 백성은 하나님을 사랑하고 하나님께 순종했던 때를 떠올렸어요. 그들은 하나님께 구원해 달라고 부르짖었어요.

어느 날 이스라엘을 다스리던 사사 드보라가 바락에게 말했어요. "하나님의 명령을 전합니다. '너는 가서 납달리 자손과 스불론 자손 1만 명을 택해 이끌고 다볼 산으로 가거라. 내가 대적들을 네 손에 넘겨주겠다.'" 하지만 바락은 드보라가 함께 가지 않으면 그도 가지 않겠다고 했어요. 드보라는 바락과 함께 가겠다고 했어요. 그렇지만 이번 일에서 바락이 영광을 얻지는 못할 것이라고 말했지요. 하나님이 한 여인의 손에 시스라를 넘겨주실 것이기 때문이었어요.

드보라와 바락은 1만 명을 데리고 다볼 산으로 향했어요. 시스라는 바락이 다볼 산에 왔다는 소식을 듣고는 쇠로 만든 전차 900대와 자기와 함께 있던 모든 백성을 모아 전투를 준비했어요. 드보라는 바락에게 말했어요. "일어나십시오! 오늘이 여호와께서 시스라를 당신의 손에 주신 날입니다. 보십시오. 여호와께서 당신을 인도하십니다!" 이에 바락은 1만 명을 거느리고 다볼 산에서 내려가 시스라와 그의 군대에게로 향했어요. 하나님은 시스라의 전차와 군대를 온통 혼란에 빠지게 하셨어요. 바락은 전차와 군대를 추격했어요. 시스라의 군대는 모두 칼날에 쓰러졌고 단 한 사람도 살아남지 못했어요. 시스라만 간신히 살아남아 달아났지요!

시스라는 걸어서 도망을 가다가 야엘이라는 여인의 장막에 이르렀어요. 야엘의 남편과 시스라는 친구 사이였어요. 야엘은 시스라에게 말했어요. "어서 오십시오. 두려워하지 마십시오." 야엘은 물을 좀 달라는 시스라에게 우유를 주었고, 이불을 덮어 주었어요. 시스라는 야엘에게 누가 자기를 찾거든 없다고 말하라고 부탁하고는 너무 지쳐서 깊이 잠들었어요.

그런데 야엘은 시스라가 악한 사람이라는 것과 하나님의 적이라는 사실을 알고 있었어요. 시스라가 잠든 사이, 야엘은 장막 말뚝과 방망이를 들고 와서 시스라를 죽게 했어요. 바락이 시스라를 추격하고 있을 때 야엘이 나가서 그를 맞이하며 말했어요. "이리 오십시오. 당신이 찾는 사람을 보여 드리겠습니다." 바락이 야엘의 장막에 들어가 보니 시스라는 죽어 있었어요.

이날 하나님은 이스라엘 백성이 가나안과의 전쟁에서 이기게 하셨어요. 이스라엘 백성은 승리했어요! 드보라와 바락은 승리의 노래를 불렀어요. 그들은 가나안 족속을 물리치신 하나님을 기뻐하며 찬양했어요. 그 땅은 40년 동안 평온했어요.

●● 가스펠 링크

하나님은 하나님의 영광과 우리의 유익을 위해 일하세요(시 115:3; 롬 8:28). 하나님은 이스라엘을 위해 싸우셨으며, 드보라, 바락, 그리고 야엘을 통해 가나안을 물리치셨어요. 마찬가지로 하나님은 사람들과 사건을 통해 우리를 원수들로부터 구원하실 뿐만 아니라 아들이신 예수님을 통해 완전한 구원을 이루세요.

가스펠 준비 10~20분

환영

도착하는 아이들을 반갑게 맞이하고 헌금, 출석, QT 등을 확인하며 격려한다. 새 친구가 있다면 소개한다. 편안한 분위기에서 안부를 물으며 오늘의 말씀과 관련된 화제로 이야기를 나눈다. 여러 친구들과 함께 팀을 이루어 활동해 본 적이 있는지 물어본다. 자발적으로 대화에 참여하도록 이끈다.

예) "어떤 일이 친구와 함께 했을 때 더 쉽게 해결된 적이 있었나요?", "혼자 일하는 것을 좋아하나요, 다른 사람과 함께 일하는 것을 좋아하나요?" 등.

마음 열기

뭉치면 살고 흩어지면 죽는다 ✽

[준비물] 신문지

① 아이들을 두 팀으로 나눈 뒤 신문지를 한 장씩 나누어 준다.

② 신문지를 다 펴고 그 위에 팀원들이 모두 올라서면 "성공!"이라고 외치게 한다.

TIP 정해진 시간 동안 버텨야 하는 규칙으로 바꾸어서 진행해도 좋다.

③ 신문지를 반으로 접고, 또 반으로 접어 점점 줄여 가며 게임을 진행한다. 아이들에게 서로 안고, 올라타고, 업어도 된다고 말해 준다. 이 게임의 목표는 아이들이 하나 되는 것임을 알려 준다.

④ 가장 작은 크기의 신문지에 가장 많은 아이가 올라선 팀이 승리한다.

— 여러분, 정말 잘했어요! 오늘 우리는 드보라라는 사사와 바락이 함께 이스라엘 백성을 구한 일에 대해 배울 거예요. 하나님의 사람들은 함께할 때 서로에게 힘이 된답니다.

영차영차, 탁구공 릴레이 ✽

[준비물] 일회용 숟가락, 탁구공

① 아이들을 두 팀으로 나눈 뒤 팀별로 둥글게 앉힌다.

② 일회용 숟가락을 하나씩 나누어 주고 오목한 부분이 위를 향하도록 입에 물고 있게 한다.

③ 한 아이가 물고 있는 숟가락에 탁구공을 살짝 올린다.

④ 탁구공을 받은 아이는 손을 쓰지 않고 옆 친구가 물고 있는 숟가락에 탁구공을 전달하는 식으로 게임을 진행한다.

TIP 숟가락을 입에 물고 탁구공을 전달하는 것이 어렵다면 손으로 숟가락을 잡고 탁구공을 옮기는 것까지 허용해 게임을 진행한다.

⑤ 탁구공을 떨어뜨리지 않고 마지막 아이에게 전달한 팀이 승리한다.

⑥ 만약 중간에 탁구공을 떨어뜨릴 경우 처음부터 다시 해야 한다는 게임의 규칙을 말해 준다.

— 여러분, 혼자서 손과 발을 쓰지 않고 탁구공을 먼 곳까지 운반하는 일이 가능할까요? 숟가락을 이용해 옆 친구에게 탁구공을 건네줄 때 어떠했나요? 어려웠지요? 그런데 옆 친구가 여러분을 도와 탁구공을 받아 주었을 때는 어떠했나요? 혼자 할 때보다 훨씬 쉬웠을 거예요. 우리는 이렇게 함께 도와서 마지막 친구에게까지 탁구공을 옮길 수 있었어요. 드보라와 바락은 하나님의 일을 함께 했어요. 오늘 우리는 하나님의 사람 드보라와 바락이 어떻게 함께 하나님의 일을 했는지에 대해 알아볼 거예요.

가스펠 설교

🪧 들어가기

[준비물] 패밀리 레스토랑 종업원 복장(단색 셔츠, 정장 바지, 앞치마, 이름표), 공책, 연필

패밀리 레스토랑 종업원 복장을 하고 이름표를 단 채 들어온다. 주문을 받기 위한 공책과 연필이 손에 들려 있다.

안녕하세요, 여러분! 저희 레스토랑을 다시 찾아 주신 여러분을 환영합니다! 여러분을 섬기게 되어 영광입니다. 지난주에는 메뉴판과 스페셜 메뉴를 잊어버리는 바람에 곤란했었지요? 그렇지만 이번 주에는 사장님이 미소 선배님과 함께 일하게 해 주셨어요. 미소 선배님은 이 레스토랑이 처음 생겼을 때부터 일했고, 제 실수도 많이 참아 주고 있답니다. 엄청나게 많은 도움을 받고 있어요. 지금은 미소 선배님이 쉬는 시간이라 저도 같이 쉴 수 있어요. 잠깐 앉아야겠네요. 자리에 앉는다. 쉬면서 사사에 대한 이야기를 함께 나누어 볼까요?

🔄 연대표

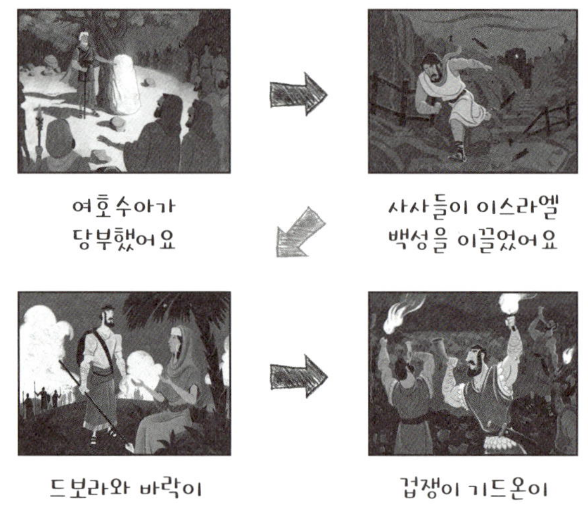

여호수아가
당부했어요

사사들이 이스라엘
백성을 이끌었어요

드보라와 바락이
노래했어요

겁쟁이 기드온이
용사가 되었어요

지난주에 배운 성경 이야기를 기억하나요? 아이들의 대답을 기다린다. 복습하면서 연대표를 가리킨다. 이스라엘 백성은 약속의 땅에 살고 있었지만 그들에게는 왕이 없었어요. 대신 그들은 하나님의 율법을 기억하고 순종해야 했지요. 그러나 **하나님의 백성이 하나님께 등을 돌리고 우상을 섬겼어요.** 하나님은 대적들로 하여금 이스라엘을 정복하게 하셨어요. 고통스러웠던 이스라엘 백성은 하나님께 부르짖었고 하나님은 사사를 보내 그들을 구원해 주셨답니다. 오늘의 성경 이야기는 사사 드보라와 바락에 대한 이야기예요. 하나님은 그들을 사용하셔서 가나안 왕과 그의 군대장관 시스라로부터 하나님의 백성을 구원해 내려는 계획을 이루셨어요.

💡 성경의 초점

오늘의 성경 이야기를 듣기 전에 2단원의 '성경의 초점'을 함께 이야기해 보아요. **하나님은 어떻게 하나님의 계획을 이루시나요? 하나님은 사람들을 통해 하나님의 계획을 이루세요. 하나님의 계획은 하나님의 영광을 드러내고 사람들에게는 유익해요.** 드보라와 바락의 이야기를 들으면서 그들이 하나님의 계획을 이루는 데 어떤 역할을 했는지 생각해 보세요.

📖 성경 이야기

사사기 4~5장을 펴고, 설교 영상(지도자용 팩)을 보여 주거나 이야기 성경을 들려준다.

삼갈이 죽은 후 **이스라엘 백성은 다시 하나님께 등을 돌리고 우상을 섬겼어요.** 하나님은 가나안 왕이 그들을 공격하게 하셨지요. 가나안은 이스라엘 백성을 20년 동안 악하게 다스렸어요. **이스라엘 백성은 그들을 대적들로부터 구원해 줄 누군가가 필요했어요.**

이스라엘의 사사였던 드보라는 바락에게 군대를 모으라고 말했어요. 그리고 하나님이 그를 도우셔서 가나안의 군대장관 시스라와 싸우실 것이라고 말했어요. 하지만 바락은 드보라가 함께 가지 않으면 자신도 가지 않겠다고 대답했어요. 드보라는 자신이 바락과 함께 가겠지만 바락이 이번 전쟁에서 영광을 얻지는 못하게 될 것이라고 말했어요.

누가 전쟁에서 대적들과 싸우셨나요? 하나님이셨어요! 하나님은 시스라의 군대를 혼란에 빠지게 하셨어요. 바락은 시스라의 병거들과 군대를 추격했어요. 시스라의 온 군대가 칼에 엎드러졌고, 아무도 살아남은 사람이 없었어요. 하지만 시스라는 달아났어요. 그는 야엘의 장막에 숨어서 안전할 것이라고 생각했지만 하나님으로부터 숨지는 못했어요. 야엘은 시스라를 죽게 했고, 이스라엘 백성은 하나님을 찬양했어요.

복 / 습 / 질 / 문

다음 질문을 듣고 참인지, 거짓인지 맞혀 보세요.

1 바락은 이스라엘의 네 번째 사사예요.

거짓, 드보라 (삿 4:4)

2 바락은 드보라가 함께 가지 않으면 전쟁하러 가지 않겠다고 했어요.

참 (삿 4:8)

3 시스라는 병거를 타고 도망갔어요.

거짓, 시스라는 걸어서 도망했다 (삿 4:17)

4 야엘은 시스라를 장막에 숨겼어요.

참 (삿 4:18)

5 이스라엘 백성은 가나안을 물리친 바락을 찬양했어요.

거짓, 이스라엘 백성은 하나님을 찬양했다 (삿 5장)

6 하나님은 어떻게 하나님의 계획을 이루시나요?

하나님은 사람들을 통해 하나님의 계획을 이루세요. 하나님의 계획은 하나님의 영광을 드러내고 사람들에게는 유익해요.

하나님은 하나님의 영광과 우리의 유익을 위해 일하세요 (시 115:3; 롬 8:28). 하나님은 이스라엘을 위해 싸우셨으며, 드보라, 바락, 그리고 야엘을 통해 가나안을 물리치셨어요. 마찬가지로 하나님은 사람들과 사건을 통해 우리를 원수들로부터 구원하실 뿐만 아니라 아들이신 예수님을 통해 완전한 구원을 이루세요.

찬양

다스리소서

여호와는 우리의 재판장
율법을 세우신 주
여호와는 우리의 왕이라
그가 우릴 구원하실 것이라

나의 마음과 뜻을 다하고
힘을 다하여 주님만 사랑하리

헛된 마음 모두 버리고 주만 경배하리
예수 나의 주 다스리소서

※지도자용 팩 또는 가스펠 프로젝트 홈페이지(gospelproject.co.kr)에서 이용하세요.

복음 초청

성경과 37쪽 복음 초청 가이드를 이용해서 아이들에게 그리스도인이 되는 법을 설명해 준다. 따로 상담해 줄 사람을 정해 주고 궁금한 점이 있으면 물어보도록 격려한다.

이 시간 예수님을 마음에 모시고 싶은 친구는 함께 기도해요.

기도

사랑하는 하나님, 드보라와 바락을 통해 이스라엘 백성을 위해 싸워 주셔서 감사합니다. 하나님, 이스라엘 백성을 도와주셨던 것처럼 지금도 우리를 도와주시고 함께해 주셔서 감사합니다. 우리와 함께해 주시는 하나님을 믿음의 눈으로 바라보게 도와주세요. 하나님만 보고 따라가기를 원합니다. 예수님의 이름으로 기도합니다. 아멘.

적용

TIP 설교 도입이나 적용으로 활용하거나 영상을 본 뒤 소그룹에서 풍성한 대화를 이어 갈 수 있습니다.

진짜와 가짜 중에 어떤 것이 더 나은가요? 다음 영상을 함께 보아요.

적용 예화 영상(지도자용 팩)을 보여 준다.

여러분은 새뮤얼이 사진(전단지)만 보고 실제 친구와 게임하는 것을 거절한 것이 옳은 선택이라고 생각하나요? 아이들의 대답을 기다린다. 우리는 구약성경을 읽으면서 우상을 섬긴 이스라엘 백성이 어리석다고 생각하기 쉬워요. 그렇지만 우리는 조심해야 해요. 우리도 그렇게 될 수 있거든요! 물론 우리는 나무, 돌, 금속으로 된 신상에 절하는 것은 아니지만 다른 것들을 섬길 수 있어요. 꼭 기억하세요. 하나님만 유일한 진짜 신이시고 예배받기 합당한 분이세요.

아이들과 함께 하나님 대신에 섬길 수 있는 것들에 대해 이야기를 나누어 본다. 아이들이 가장 시간을 많이 보내는 일은 무엇인지, 가장 많이 생각하는 것은 어떤 것인지, 가장 행복하게 느끼는 일은 무엇인지, 가장 하고 싶은 일은 무엇인지 생각해 보게 한다.

 **나침반**

말씀의 옷을 입어라!

[준비물] 암송 구절 단어 카드, 주머니가 달린 어린이용 목욕 가운, 스톱워치(선택)

① 암송 구절 단어를 각각 적은 카드를 섞은 후 목욕 가운 주머니에 넣어 둔다.

② 아이들을 한 줄로 세우고, 맞은편에 의자를 마주 보게 놓은 뒤 그 위에 목욕 가운을 걸쳐 놓는다.

③ 인도자가 "시작!"을 외치면 맨 앞에 선 아이부터 차례대로 의자로 가서 목욕 가운을 입고, 주머니에서 카드를 한 장 꺼낸 뒤, 다시 목욕 가운을 벗어 의자에 걸쳐 놓고, 돌아와 다음 친구를 톡 치고, 맨 뒤에 가서 서라고 말해 준다.

④ 아이들이 암송 구절 단어 카드를 모두 꺼내면 카드를 바닥에 놓고 순서대로 배열하게 한다.

TIP 스톱워치를 이용해 최고 신기록을 달성해 보는 것도 좋다.

— 우리 모두 말씀의 옷을 입어요. 날마다 옷을 입을 때 말씀의 옷을 떠올리며 하나님의 계획을 기억해요. 이스라엘 백성은 하나님이 그들의 재판장이시며, 율법을 세우신 분이시자 왕이시라는 것을 잊어버렸어요! 그래서 **이스라엘 백성은 그들을 대적들로부터 구원해 줄 누군가가 필요했어요.** 우리의 재판장이시고, 율법을 세우신 분이시자 왕이 누구이시지요? 맞아요! 하나님 한 분이세요. 그분이 우리를 구원하세요. 하나님이 보내 주신 구원자이신 예수님은 우리를 언제나 지켜 주시고 보호해 주신답니다.

 **보물 지도**

사사 시대의 악순환

[준비물] 학생용 교재 42쪽, 연필

① 사사 시대에는 나쁜 일이 계속 되풀이되었는데 이것을 '악순환'이라고 한다고 말해 주고, 빈칸에 알맞은 단어를 적어 보게 한다.

② 패턴을 익히며 사사 시대의 악순환을 살펴보게 한다.

③ 우리 생활에서 반복되는 악순환이 있는지 생각해 보고 서로 이야기를 나누어 보게 한다.

영화 포스터 ✱

[준비물] 성경, 4절지나 포스터 보드, 사인펜, 색연필

① 아이들을 3~5명씩 팀으로 나눈 뒤 팀별로 4절지나 포스터 보드, 사인펜, 색연필을 나누어 준다.

② 성경에서 사사기 4~5장을 펴고 읽으면서 오늘의 성경 이야기에 대한 영화를 만든다고 상상해 보게 한다. 성경 이야기를 여러 장면으로 나눈 뒤 영화 포스터를 만드는 시간을 갖는다.

예) · 하나님의 백성이 하나님께 등을 돌리고 우상을 섬겼어요. 그래서 하나님이 가나안 족속들로 하여금 이스라엘 백성을 정복하게 하셨어요(삿 4:1~3).

· 드보라는 바락을 보내 가나안 족속과 싸우게 했어요(삿 4:4~10).

· 하나님은 전쟁 중에 시스라의 군대를 혼란에 빠지게 하셨어요(삿 4:12~16).

· 야엘은 시스라를 숨기고 죽게 했어요(삿 4:17~22).

· 이스라엘 백성은 하나님을 찬양했어요(삿 5장).

③ 완성되었으면 영화 포스터를 다른 팀에게 보여 주며 설명하게 한다.

— 이스라엘 백성은 하나님을 잊어버리고 다시 우상을 섬겼어요. 드보라와 바락은 이스라엘 백성을 대적들로부터 구원했지만 그들이 하나님이 행하신 일을 잊어버리지 않도록 완전히 돕지는 못했어요. 하나님은 예수님을 보내셔서 사람들이 하나님을 잊지 못하도록 마음을 바꾸어 주셨어요. 예수님은 우리의 죄를 대신 지고 죽으셨어요.

나는야 암호 작곡가

[준비물] 학생용 교재 43쪽, 연필

① 악보 암호를 풀어 찬양 가사를 완성하게 한 후 무슨 메시지가 숨어 있는지 물어본다.

② 숨겨진 메시지는 2단원 '성경의 초점' 답이다.

━━━ **하나님은 어떻게 하나님의 계획을 이루시나요? 하나님은 사람들을 통해 하나님의 계획을 이루세요. 하나님의 계획은 하나님의 영광을 드러내고 사람들에게는 유익해요. 이스라엘 백성은 그들을 대적들로부터 구원해 줄 누군가가 필요했어요.** 누구일까요? 바로 하나님이세요. 전쟁에 나가기 전에 드보라와 바락은 두려웠지만 하나님께 기도했어요. 전쟁에서 승리한 드보라와 바락은 그들을 구해 주신 하나님께 승리의 노래를 불렀어요. "여호와여 주의 원수들은 다 이와 같이 망하게 하시고, 주를 사랑하는 자들은 해가 힘 있게 돋음 같게 하시옵소서"(삿 5:31). 하나님은 사람들과 사건을 주관하셔서 우리를 원수들로부터 구원하시고, 예수 그리스도를 통해 완전한 구원을 이루세요.

나랑 너는 한몸 *

[준비물] 풍선, 끈

① 두 명씩 짝을 지은 후 풍선과 끈을 팀별로 하나씩 나누어 준다.

② 풍선을 불어서 묶은 뒤 끈을 이용해 둘 중 한 사람의 발에 풍선을

달아 놓는다. 풍선을 매단 사람은 풍선이 터지지 않도록 피해 다녀야 하고, 짝은 풍선이 터지지 않도록 보호해 줌과 동시에 다른 팀의 풍선을 터트리기 위해 공격해야 한다고 말해 준다.

③ 끝까지 살아남는 팀이 승리한다.

━━━ 드보라와 바락은 한 팀이 되어 전쟁에 나갔어요. 우리도 풍선 전쟁을 치렀어요. 친구를 보호하면서 다른 팀의 풍선을 터트리기는 쉽지 않았지요? 언제나 우리와 한 팀이 되어 주시는 하나님은 우리에게 용기와 힘을 주세요. 하나님은 사람들과 사건을 주관하셔서 우리를 원수들로부터 구원하시고, 예수 그리스도를 통해 완전한 구원을 이루세요.

 ## 보물 상자

나만의 기록장

[준비물] 학생용 교재 44쪽, 연필이나 색연필

① 하나님이 나를 도와주시기 위해 보내 주신 사람들(부모님, 선생님, 친구들 등)을 그림으로 표현해 보게 한다.

② 드보라와 바락처럼 승리의 노래를 지어 보는 시간을 갖는다.

━━━ **하나님은 어떻게 하나님의 계획을 이루시나요? 하나님은 사람들을 통해 하나님의 계획을 이루세요. 하나님의 계획은 하나님의 영광을 드러내고 사람들에게는 유익해요.** 하나님은 드보라, 바락, 야엘을 사용하신 것처럼 우리 삶에서 만나는 사람들을 사용해 우리가 하나님에 대해 배우고 그분을 따를 수 있게 해 주세요.

메시지 카드

이번 주 메시지 카드로 부모님과 함께 오늘 배운 성경 이야기를 나누어 보라고 한다.

기도

사랑하는 하나님, 이스라엘 백성을 사랑하시고 사사들을 보내 그들을 구원해 주셔서 감사합니다. 그리고 예수님을 보내 우리를 죄에서 구원해 주셔서 감사드립니다. 우리가 항상 하나님이 우리를 구원하신 것을 기억하게 도와주세요. 그리고 우리가 우리 삶의 우상을 섬기지 않고 하나님만 섬길 수 있도록 도와주세요. 예수님의 이름으로 기도합니다. 아멘.

8
겁쟁이 기드온이 용사가 되었어요

삿 6~8장

본문 속으로

사사기 6장은 익숙한 표현으로 시작합니다. "이스라엘 자손이 또 여호와의 목전에 악을 행하였으므로"(삿 6:1). 사사 시대는 이스라엘의 역사 가운데 그다지 좋은 시절이 아니었습니다. 반복되는 'A(죄)-B(고통:속박)-C(회개:부르짖음)-D(구원:사사)-E(평화)' 패턴은 그들이 과거로부터 교훈을 얻지 못했음을 분명히 보여 줍니다.

이번에 이스라엘 백성은 미디안 족속에 의해 핍박을 받았고, 도움을 청하며 하나님께 부르짖었습니다. 하나님은 그들을 구원할 한 사람을 선택하셨는데 그의 이름은 기드온이었습니다. 기드온은 아무도 예상하지 못한 지도자였고, 그 자신도 그 사실을 알고 있었습니다. 기드온은 "오 주여 내가 무엇으로 이스라엘을 구원하리이까 보소서 나의 집은 므낫세 중에 극히 약하고 나는 내 아버지 집에서 가장 작은 자니이다"(삿 6:15)라고 말했습니다.

하나님은 하나님의 계획을 이루시기 위해 가장 큰 사람이나 최고의 사람을 필요로 하지 않으십니다. 사실 하나님은 사람들 가운데 가장 약한 자나 낮은 자를 들어 사용하심으로써 큰 영광을 받으십니다. 하나님은 연약한 기드온에게 강한 능력을 부어 주실 계획을 가지고 계셨습니다. 하나님은 "내가 반드시 너와 함께 하리니"(삿 6:16)라고 말씀하셨습니다.

기드온과 한 무리의 군인들이 함께 모였을 때 하나님은 기드온에게 군사가 너무 많다고 말씀하셨습니다. 하나님은 이스라엘 백성이 미디안 족속을 물리칠 만한 능력이 그들에게 있는 것처럼 생각하기를 원하지 않으셨습니다. 군사들의 숫자가 300명으로 줄어들었을 때에야 그들은 비로소 전투를 준비할 수 있었습니다(삿 7:1~7). 군사들은 나팔을 불고 외치면서 미디안 진영을 향해 달려갔습니다. 하나님은 미디안 군사들이 서로를 향해 칼을 휘두르게 만드셨습니다. 그들은 도망갔지만 기드온과 군사들은 끝까지 추격했습니다.

● ● 티칭 포인트

하나님은 이스라엘이 전쟁할 때 그들과 함께하셨습니다. 이스라엘은 자신들의 힘으로 전쟁에서 승리한 것이 아니었습니다. 하나님이 그들을 위해 싸워 주셨습니다. 아이들에게 하나님이 기드온을 부르셔서 승리를 위해 사용하셨다는 사실을 강조해서 말해 주십시오. 기드온에게는 이스라엘을 구원할 능력이 없었습니다. 마찬가지로 우리도 자신을 죄로부터 구원할 수 없습니다. 예수님이 우리를 우리의 죄로부터 구원하시기 위해 오셨습니다. 예수님 한 분이면 충분하기 때문입니다. 오직 하나님만이 그리스도를 통해 우리를 구원하실 수 있다는 사실을 알려 주십시오.

주 제
하나님은 기드온의 약함을 통해 영광을 받으셨어요.

가스펠 링크
우리는 스스로를 죄에서 구원할 수 없어요. 오직 하나님만이 예수님을 통해 우리를 구원하실 수 있어요.

겁쟁이 기드온이 용사가 되었어요 _{삿 6~8장}

이스라엘 백성은 하나님이 보시기에 악한 일들을 행했어요. 그래서 하나님은 미디안이 이스라엘을 정복하게 하셨어요. 미디안 사람들은 이스라엘 백성을 악랄하게 괴롭혔어요. 고통스러웠던 이스라엘 백성은 하나님을 사랑하고 하나님께 순종했던 때를 떠올리고 하나님께 부르짖었어요.

어느 날 여호와의 사자가 기드온에게 나타났어요. "큰 용사여, 여호와께서 너와 함께 계시도다! 너는 가서 미디안 사람의 손에서 이스라엘을 구원하여라." 기드온은 두려웠어요. 기드온은 므낫세 지파 중에서 보잘것없는 집안 사람이었고, 형제 중에서도 막내였거든요. 그러나 여호와께서 "내가 너와 함께할 것이니 너는 미디안 사람들을 무찌를 것이다"라고 말씀하셨어요.

그날 밤 하나님은 기드온에게 바알의 제단을 부수고 아세라 상을 찍으라고 말씀하셨어요. 기드온은 사람들의 눈을 피해 밤중에 하나님의 말씀대로 행했어요. 다음 날 성읍 사람들은 바알의 제단이 파괴되고 아세라 상이 찍힌 모습을 보았어요. 그들은 기드온이 한 일이라는 사실을 알고는 그를 죽이려고 했어요.

얼마 후 이스라엘의 대적들이 다 함께 모여 요단 강을 건너와 진을 쳤어요. 기드온이 나팔을 불자 군사들이 나아왔어요. 기드온은 하나님의 *표적을 구했어요. "주여, 타작마당에 놓은 양털 한 뭉치에만 이슬이 있고 주변 땅은 말라 있으면 주께서 말씀하신 대로 저를 통해 이스라엘을 구원하실 줄로 알겠습니다." 그리고 정확히 그렇게 되었어요. 기드온이 양털을 짜니 이슬이 한 그릇 가득 나왔답니다. 기드온은 표적을 한 번 더 구했어요. 이번에는 양털만 마르고 주변 땅에는 이슬이 있게 해 달라고 했지요. 정확히 그렇게 되었어요.

하나님은 기드온에게 나아온 군사가 너무 많다고 말씀하셨어요. 그리고 누구든지 두려워 떠는 자는 집으로 돌려보내라고 하셨어요. 그들을 돌려보내고 남은 자는 1만 명이었어요. 하나님은 "아직도 많다"라고 말씀하셨어요. 하나님은 기드온에게 그들을 인도해 물가로 가라고 하셨어요. 무릎을 꿇고 물에 입을 대고 마신 자들은 집으로 돌려보냈고, 손으로 물을 떠서 먹은 300명의 사람들만 남았어요.

다음 날 기드온과 300명의 용사들은 손에 나팔과 횃불을 감춘 빈 항아리를 들고 미디안 진영으로 향했어요. 하나님은 이스라엘에게 승리를 주셨고, 미디안 군대는 모두 도망쳤어요. 기드온과 그의 군대는 그들을 추격했어요!

이스라엘 백성은 기드온에게 "당신이 우리를 미디안의 손에서 구원했으니 우리를 다스리소서"라고 말했어요. 하지만 기드온은 "아닙니다. 하나님이 여러분을 다스리실 것입니다"라고 하며 거절했어요.

그러나 기드온이 죽자, 이스라엘 백성은 그들을 대적의 손에서 구원하셨던 하나님을 잊어버렸어요.

●● 가스펠 링크

이스라엘 백성은 스스로를 구원할 수 없어서 하나님께 부르짖었어요. 기드온에게도 그들을 구원할 능력은 없었어요. 하나님은 기드온을 통해 이스라엘 백성을 구하셨지만 전쟁에서 싸우신 분은 하나님이세요. 이스라엘 백성에게는 그들을 구해 줄 구원자가 필요했어요. 예수님이 오신 이유는 우리가 스스로를 죄에서 구원할 수 없기 때문이에요. 오직 하나님만이 예수님을 통해 우리를 구원하실 수 있어요.

*표적 : 겉으로 드러난 표시, 사인

가스펠 준비

10~20분

👑 환영

도착하는 아이들을 반갑게 맞이하고 헌금, 출석, QT 등을 확인하며 격려한다. 새 친구가 있다면 소개한다. 편안한 분위기에서 안부를 물으며 오늘의 말씀과 관련된 화제로 이야기를 나눈다. 아이들에게 누군가가 한 말을 믿기 어려운 적이 있었는지, 그 이유가 무엇인지 물어본다. 자발적으로 대화에 참여하도록 이끈다.

예) "'그 사람의 말은 꼭 믿을 수 있어!'라고 생각하는 사람이 있나요?", "'그 사람의 말은 절대로 믿을 수 없어'라고 생각하는 사람은요?", "왜 그런 생각을 하게 되었나요?" 등.

💗 마음 열기

무궁화 꽃이 피었습니다! *

① 술래를 한 명 뽑아 뒤돌아 세운 뒤 나머지 아이들은 술래와 멀리 떨어진 출발선에 양옆으로 길게 세운다.

② "무궁화 꽃이 피었습니다" 게임의 규칙을 설명해 준다. 멈추어야 하는 표시와 나아가야 하는 표시를 알려 준다.

· 멈추어야 하는 표시 : 술래가 뒤를 돌아볼 때

· 나아가야 하는 표시 : 술래가 앞을 보고 "무궁화 꽃이 피었습니다!"라고 말할 때

③ 술래가 뒤를 돌아볼 때 움직이다 들키면 술래와 새끼손가락을 걸고 줄을 서야 한다고 말해 준다.

④ 술래에게 들키지 않고 술래 앞까지 나아간 아이가 술래를 치거나 줄을 선 아이가 있을 경우 술래와의 새끼손가락 고리를 끊어 주면 모두 재빨리 출발선으로 도망 와야 한다. 이때 술래에게 잡힌 아이가 다음 술래가 된다.

오늘의 성경 이야기에서 기드온은 하나님께 표적을 구했어요. 어떤 표적인지 함께 들어 보아요.

집중, 집중! *

[준비물] 솜뭉치 또는 풍선

① 아이들을 두 팀으로 나눈 뒤 팀별로 솜뭉치를 나누어 준다.

② 아이들을 둥글게 앉히고, 손과 다리를 쓰지 않고 오직 입으로 불어서 솜뭉치가 땅에 떨어지지 않게 해야 한다고 말해 준다.

③ 오랫동안 솜뭉치를 땅에 떨어뜨리지 않은 팀이 승리한다.

TIP 풍선을 사용할 경우 엉덩이를 떼지 않고 오직 손으로 쳐서 풍선을 땅에 떨어뜨리지 않는다는 규칙을 적용하면 좋다.

하나님이 기드온에게 전쟁에 나가라고 말씀하시자 기드온은 두려웠어요. 그래서 정말 하나님의 말씀이 맞는지 확신이 필요했어요. 기드온은 양털 뭉치를 가지고 하나님께 표적을 구했어요. 그 시간을 통해 하나님이 자신과 함께하신다는 것을 확인했지요. 오늘의 성경 이야기에서는 기드온과 양털 뭉치 표적에 대해 배울 거예요.

가스펠 설교

 들어가기

[준비물] 패밀리 레스토랑 종업원 복장(단색 셔츠, 정장 바지, 앞치마, 이름표), **공책, 연필**

패밀리 레스토랑 종업원 복장을 하고 이름표를 단 채 들어온다. 주문을 받기 위한 공책과 연필이 손에 들려 있다.

안녕하세요, 여러분! 저희 레스토랑을 다시 찾아 주셔서 감사해요. 오늘은 정말 정신없는 날이었어요! 종업원 몇 명이 독감에 걸렸거든요. 음식을 대접하는 일이라 전염되는 병에 걸리면 출근할 수가 없답니다. 이 말은 오늘 12시에 아르바이트생이 올 때까지는 저 혼자 일을 다 해야 한다는 뜻이에요! 아이고! 여러분에게 비밀을 하나 말해 줄게요. 경계하듯 주위를 둘러본다. 조금 긴장되네요. 제가 할 수 있을지 잘 모르겠거든요. 다행히도 바쁜 아침 식사 시간은 끝났고 점심시간이 아직 되지 않았어요. 성경 이야기를 들을 시간이 되겠어요. 정말 다행이에요!

 연대표

연대표에서 지난 성경 이야기들을 가리킨다. 이스라엘 백성은 여호수아에게 하나님만 섬기겠다고 약속했어요. 그렇지만 오래지 않아 그들은 **하나님께 등을 돌리고 우상을 섬겼어요.**

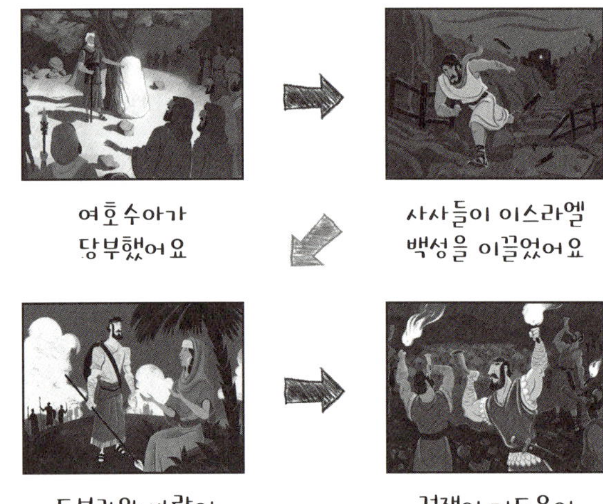

여호수아가
당부했어요

사사들이 이스라엘
백성을 이끌었어요

드보라와 바락이
노래했어요

겁쟁이 기드온이
용사가 되었어요

하나님은 이스라엘의 대적들이 정복하게 하심으로써 그들을 벌하셨어요. 이스라엘 백성이 하나님께 부르짖자 하나님은 사사를 보내 그들을 구원하시고 하나님께 예배하도록 인도하셨어요. 그러나 사사가 죽자 이스라엘 백성은 다시 우상을 섬겼어요.

지난주에 우리는 사사 드보라에 대해 배웠어요. **이스라엘 백성은 그들을 대적들로부터 구원해 줄 누군가가 필요했어요.** 하나님은 드보라를 통해 바락에게 군대를 모으라고 말씀하셨어요. 하나님은 시스라의 군대를 혼란에 빠지게 해 모두 죽게 하셨고, 이스라엘 백성은 승리를 주신 하나님을 찬양했어요.

 성경의 초점

오늘의 성경 이야기를 듣기 전에 2단원 '성경의 초점'을 함께 이야기해 볼까요? **하나님은 어떻게 하나님의 계획을 이루시나요? 하나님은 사람들을 통해 하나님의 계획을 이루세요. 하나님의 계획은 하나님의 영광을 드러내고 사람들에게는 유익해요.** 전능하신 하나님이 사람들을 통해 하나님의 계획을 이루시다니, 놀랍지 않나요?

 성경 이야기

사사기 6~8장을 펴고, 설교 영상(지도자용 팩)을 보여 주거나 이야기 성경을 들려준다.

오늘의 성경 이야기의 첫 부분에서 기드온은 어떤 사람이었나요? 그는 약간 겁쟁이처럼 보였지요! 하나님은 왜 두려워 떠는 사람을 전쟁의 지도자로 세우셨을까요? 저라면 절대 그렇게 하지 않을 거예요. 정말 용맹한 사람을 고를 거거든요! 하지만 **하나님은 기드온의 약함을 통해 영광을 받으셨어요.** 하나님은 기드온에게 인내심을 보이셨어요. 기드온이 양털 뭉치를 내놓았을 때 표적을 보여 주셨어요. 하나님이 전쟁에서 기드온과 함께하실 것을 확신하게 해 주셨지요. 하나님은 기드온이 하나님의 능력이 아니라 자신의 능력을 의심하고 있었다는 것을 아셨어요. 하나님은 기드온에게 자신이 용감한 장수나 많은 군대를 원하지 않는다는 것을 보여 주셨어요. **하나님은 어떻게 하나님의 계획을 이루시나요? 하나님은 사람들을 통해 하나님의 계획을 이루세요. 하나님의**

계획은 하나님의 영광을 드러내고 사람들에게는 유익해요.
기드온은 처음에는 두려워했지만 하나님이 미디안 족속과
의 전쟁에서 이기게 하실 것을 믿었어요. 하나님은 미디안
족속을 혼란에 빠뜨리셨어요. 믿을 수 없게도 그들은 서로
싸웠어요! 기드온과 그의 군사들이 한 일이라고는 미디안 족
속을 쫓아가는 것뿐이었답니다!

복 / 습 / 질 / 문

1 이스라엘 백성이 다시 하나님께 등을 돌린 후 그들을 공격한 족속
은 누구인가요?

미디안 족속 (삿 6:1)

2 하나님의 사자가 기드온에게 무엇이라고 말했나요?

큰 용사여 (삿 6:12)

3 기드온의 두려움은 하나님의 계획을 멈추게 했나요?

아니다. **하나님은 기드온의 약함을 통해 영광을 받으셨어요.**

4 하나님이 미디안 족속과 싸우도록 기드온에게 주신 사람들은 모
두 몇 명이었나요?

300명 (삿 7:7)

5 **하나님은 어떻게 하나님의 계획을 이루시나요?**

**하나님은 사람들을 통해 하나님의 계획을 이루세요. 하나님의 계획
은 하나님의 영광을 드러내고 사람들에게는 유익해요.**

이스라엘 백성은 스스로를 구원할 수 없어서 하나님께 부르
짖었어요. 기드온에게도 그들을 구원할 능력은 없었어요. 하
나님은 기드온을 통해 이스라엘 백성을 구하셨지만 전쟁에
서 싸우신 분은 하나님이세요. 이스라엘 백성에게는 그들을
구해 줄 구원자가 필요했어요. 예수님이 오신 이유는 우리가
스스로를 죄에서 구원할 수 없기 때문이에요. 오직 하나님만
이 예수님을 통해 우리를 구원하실 수 있어요.

 ### 복음 초청

성경과 37쪽 복음 초청 가이드를 이용해서 아이들에게 그리스도인
이 되는 법을 설명해 준다. 따로 상담해 줄 사람을 정해 주고 궁금한
점이 있으면 물어보도록 격려한다.

이 시간 예수님을 마음에 모시고 싶은 친구는 함께 기도해요.

 ### 기도

사랑하는 하나님, 기드온을 사용해 이스라엘 백성을 구원해
주신 하나님을 찬양합니다. 기드온은 약하지만 하나님은 강
한 하나님이십니다. 기드온이 부르짖을 때 응답하시고 함
께해 주셔서 감사합니다. 우리도 약합니다. 우리가 기도할
때 하나님, 응답해 주세요. 그리고 기드온처럼 용기를 내어
하나님의 말씀에 순종할 수 있도록 도와주세요. 하나님만
따라가게 해 주세요. 예수님의 이름으로 기도합니다. 아멘.

 ### 적용

TIP 설교 도입이나 적용으로 활용하거나 영상을 본 뒤 소그룹에서 풍성한 대화를
이어 갈 수 있습니다.

두 사람이 같은 것을 만들었는데, 한 사람은 재료가 적고 다
른 사람은 재료가 많았다면 어느 쪽이 더 감명 깊을까요? 다
음 영상을 함께 보아요.

적용 예화 영상(지도자용 팩)을 보여 준다.

기드온은 형제 중에 막내였고, 기드온의 가족은 므낫세 지
파 중에서 매우 약했어요. 하나님은 군대를 이끌 더 나은 지
도자를 선택하실 수는 없었을까요? 왜 하나님은 약한 기드
온을 선택하셨을까요? 아이들의 대답을 기다린다.

기드온은 300명의 군사들과 전쟁에 나갔어요. 어떻게 300명
의 군사들을 데리고 나가 싸워 이긴 것이 1만 명의 군사들을
데리고 전쟁에 나간 것보다 더욱더 하나님께 영광을 돌릴 수
있는 것일까요? 하나님이 여러분을 통해 큰일을 하실 수 있
을까요? 여러분이 할 수 있는 일의 예를 생각해 보세요. **하나
님은 어떻게 하나님의 계획을 이루시나요? 하나님은 사람들
을 통해 하나님의 계획을 이루세요. 하나님의 계획은 하나님
의 영광을 드러내고 사람들에게는 유익해요.**

하나님이 우리를 현재, 또는 미래에 하나님의 영광을 위해 어떻게 사
용하실지 함께 이야기를 나누어 본다. 아이들이 위대한 일을 행하시
는 하나님을 신뢰하도록 격려한다. 아이들이 능력이 부족하거나 한
계를 느끼며 낙심하지 않게 한다.

우리는 우리의 능력이나 재능을 믿지 말고 하나님을 신뢰해
야 해요. **하나님은 기드온의 약함을 통해 영광을 받으셨듯이**
우리의 약함을 통해서도 영광을 받으실 거예요.

가스펠 소그룹 10~20분

나침반

기드온의 나팔을 향해

[준비물] 학생용 교재 48쪽, 연필, 2단원 암송(108쪽)

① 2단원 암송을 보여 주고 여러 번 따라 읽게 한다.

② 기드온의 나팔을 불기 위해서는 미로를 통과해야 하는데, 이사야 33장 22절 말씀을 따라가면 길을 찾을 것이라고 말해 준다.

이스라엘 백성은 스스로를 구원할 수 없어서 하나님께 부르짖었어요. 기드온에게도 그들을 구원할 능력은 없었어요. 하나님은 기드온을 통해 이스라엘 백성을 구하셨지만 전쟁에서 싸우신 분은 하나님이세요. 이스라엘 백성에게는 그들을 구해 줄 구원자가 필요했어요. 예수님이 오신 이유는 우리가 스스로를 죄에서 구원할 수 없기 때문이에요. 오직 하나님만이 예수님을 통해 우리를 구원하실 수 있어요.

기드온의 용사여! 말씀 풍선을 터뜨려라! *

[준비물] 쪽지, 연필, 풍선, 끈

① 쪽지에 2단원 암송 구절의 한 어절씩을 각각 쓴 후 돌돌 말아 풍선에 넣어 둔다.

② 아이들을 두 팀으로 나누고 말씀 풍선을 하나씩 나누어 준 뒤 불어서 묶고, 끈을 이용해 발목에 매달게 한다.

③ 인도자가 "출발!"을 외치면 아이들이 서로의 풍선을 터뜨려 말씀 쪽지를 찾게 한다.

④ 쪽지를 올바른 순서대로 먼저 배열한 팀이 승리한다.

하나님은 기드온의 약함을 통해 영광을 받으셨어요.

하나님은 기드온을 도와 미디안 족속을 물리치셨어요. 이스라엘 백성은 이 전쟁을 통해 진정한 재판장이시자, 율법을 세우신 분이자, 왕이신 하나님이 그들을 대적의 손에서 구하셨다는 사실을 알게 되었어요. 하나님은 아들이신 예수님을 보내 우리를 죄에서 구원하시고 우리의 왕이 되셨어요.

보물 지도

나팔을 불어라!

[준비물] 성경, 응원용 나팔

① 성경에서 사사기 6~8장을 펴게 하고 응원용 나팔을 나누어 준다.

② 정답을 아는 아이는 나팔을 불어서 표시하고 답을 말하게 한다.

③ 답이 틀린 경우 다른 아이가 나팔을 불고 정답을 말할 수 있다.

1 기드온 당시 이스라엘을 정복하고 있던 민족은 어느 족속인가요?

미디안 족속 (삿 6:1)

2 여호와의 사자는 어떤 나무 아래에 앉아 있었나요?

상수리나무 (삿 6:11)

3 여호와의 사자는 기드온을 무엇이라고 불렀나요?

큰 용사 (삿 6:12)

4 기드온이 우상의 제단을 부순 때는 하루 중 언제였나요?

밤 (삿 6:27)

5 기드온은 무엇으로 하나님의 표적을 구했나요?

양털 뭉치 (삿 6:36-40)

6 하나님이 두려워 떠는 자를 돌려보내라고 말씀하신 후 기드온의 군대에는 몇 명이 남았나요?

1만 명 (삿 7:3)

7 물가에서 물을 마시고 난 후 기드온의 군대에는 몇 명이 남았나요?

300명 (삿 7:7)

8 하나님은 기드온을 어떻게 사용하셨나요?

하나님은 기드온의 약함을 통해 영광을 받으셨어요.

9 하나님은 어떻게 하나님의 계획을 이루시나요?

하나님은 사람들을 통해 하나님의 계획을 이루세요. 하나님의 계획은 하나님의 영광을 드러내고 사람들에게는 유익해요.

하나님은 두려워하던 한 사람을 지도자로 세워 대적을 물리치셨어요. 하나님은 군사들의 수를 300명까지 줄이셔서 이스라엘 백성이 자신들의 힘으로 이겼다고 말하지 못하게 하셨어요. 하나님은 이 모든 일을 통해 하나님만 유일한 진짜 구원자이심을 보여 주셨어요. 우리는 우리를 죄에서 구원하시는 하나님의 계획을 친구들에게 어떻게 전할 수 있을까요?

 ## 탐험하기

기드온 이야기

[준비물] 학생용 교재 49쪽, 77쪽 말, 주사위, 가위, 연필, 성경

① 성경에서 사사기 6~8장을 편 후 기드온 이야기를 떠올리면서 빈칸을 채워 보게 한다. 힘들어하는 아이가 있다면 다음 "기드온 이야기"를 이용해 적절히 도와준다.

② 학생용 교재 77쪽 말을 이용해, 주사위를 던져 나온 눈의 수만큼 기드온 이야기를 따라가는 게임을 한다. 믿음의 결단을 한 순간에는 보너스를 받고, 연약한 모습을 보인 때에는 뒤로 퇴보하기도 한다. 먼저 끝에 도달한 사람이 승리한다.

기드온 이야기

1. 이스라엘 백성이 하나님을 떠나자 하나님은 그들을 미디안의 손에 넘기셨어요.

2. 미디안은 이스라엘 땅에 진을 치고 양, 소, 나귀, 양식을 빼앗아 갔어요. 이스라엘 백성은 하나님께 부르짖었어요.

3. 기드온에게 천사가 나타나 말했어요. "큰 용사여, 여호와께서 너와 함께 계시도다."

4. 기드온은 두려웠어요. 그의 집안은 아주 보잘것없고 그는 형제 중에서도 막내였거든요. 하나님은 그와 함께하셔서 미디안 사람들을 무찌르게 하겠다고 말씀하셨어요.

5. 하나님은 기드온에게 우상의 제단을 부수라고 말씀하셨어요. 기드온은 사람들이 두려워서 밤에 순종했어요.

6. 얼마 후에 이스라엘의 대적들이 함께 모여 이스라엘을 공격하려 했어요.

7. 기드온이 나팔을 불자 군사들이 나아왔어요.

8. 기드온은 하나님이 구원하실 것이라는 표적을 보여 달라고 했어요. "이슬이 양털에만 있고 주변 땅은 마르게 하소서."

9. 정확히 그렇게 되었어요.

10. 기드온은 다시 하나님께 표적을 보여 달라고 했어요. "이번에는 양털만 마르고 주변 땅은 이슬에 젖게 하소서."

11. 정확히 그렇게 되었어요.

12. 하나님은 기드온에게 군사가 너무 많으니 두려워 떠는 자들은 돌려보내라고 하셨어요. 남은 사람들은 1만 명이었어요. 그런데 하나님은 "아직도 많다"라고 하셨어요.

13. 하나님은 남은 사람들을 물가로 데리고 가게 하셨어요. 무릎을 꿇은 채 입을 대고 물을 마신 사람들은 집으로 돌려보냈고, 손으로 물을 떠서 마신 사람들만 남았어요. 300명이었어요.

14. 기드온과 300명의 용사들은 손에 나팔을 들고 빈 항아리에 횃불을 감추고 미디안 진영으로 가서 나팔을 불고 항아리를 깨뜨려 횃불을 높이 들고 외쳤어요. "여호와의 칼이다! 기드온의 칼이다!"

15. 하나님은 승리하게 하셨고 미디안은 도망했어요.

16. 이스라엘 백성은 기드온에게 "우리를 미디안의 손에서 구원했으니 우리를 다스려 주세요"라고 말했어요.

17. 기드온은 "아니에요. 하나님이 여러분을 다스리실 거예요"라고 말했어요.

─── 이스라엘 백성은 스스로를 구원할 수 없어서 하나님께 부르짖었어요. 기드온에게도 그들을 구원할 능력은 없었어요. 하나님은 기드온을 통해 이스라엘 백성을 구하셨지만 전쟁에서 싸우신 분은 하나님이세요. 이스라엘 백성에게는 그들을 구해 줄 구원자가 필요했어요. 예수님이 오신 이유는 우리가 스스로를 죄에서 구원할 수 없기 때문이에요. 오직 하나님만이 예수님을 통해 우리를 구원하실 수 있어요.

우상 피라미드 볼링 *

[준비물] 플라스틱 컵 10개, 콩 주머니나 작은 공, 네임 펜, 컬러 박스 테이프

① 각 컵에 아이들이 하나님보다 더 좋아하는 것, 즉 우상을 쓰게 한다.

② 플라스틱 컵을 피라미드 모양으로 세운다.

③ 컬러 박스 테이프를 이용해 적당한 거리에 출발선을 표시해 놓고 아이들이 차례로 나와 콩 주머니를 던져 우상 피라미드를 쓰러뜨리게 한다.

④ 아이들이 피라미드를 쓰러뜨릴 때마다 기드온이 하나님의 부르심을 받아 아버지에게 있는 우상의 제단을 부수었던 것에 대해 이야기해 준다.

─── **하나님의 백성이 하나님께 등을 돌리고 우상을 섬겼어요.** 기드온의 아버지도 우상을 섬겼지요. 하나님이 기드온을 부르셔서 이스라엘 백성을 미디안 족속의 손에서 구원하게 하셨을 때 그에게 가장 첫 번째로 명하신 일은 아버지에게 있는 우상의 제단을 부수는 것이었어요. 기드온이 하나님의 명령대로 행하자, 성읍 사람들이 그를 죽이려고 했어요. 하지만 기드온의 아버지는 "바알이 진짜 신이라면 그가 자신을 위해 싸울 것입니다"라고 말했어요(삿 6:25~32 참조). 기드온의 아버지는 유일한 진짜 신이신 하나님을 믿지는 않았지만 우상도 완전히 믿지는 않았어요.

하나님은 기드온의 약함을 통해 영광을 받으셨어요. 하나님이 여러분을 통해 다른 사람들에게 예수님을 전하실 수 있는 방법에는 무엇이 있을까요?

더 사랑해서 죄송해요 *

[준비물] A4 용지, 색연필, 사인펜

① 아이들에게 학교나 가정에서 하나님보다 더 사랑하는 것이 있는지 생각해 보게 한 후(게임, 장난감, 먹을 것 등) A4 용지를 나누어 주고

그림이나 글로 표현하게 한다. 우상을 왜 사랑하는지 이유도 함께 쓰게 한다.

② 자신이 적은 내용을 옆 친구와 나누거나 자원하는 아이가 있다면 앞에 나와서 발표하게 한다.

③ 우상을 하나님보다 더 사랑하지 않겠다고 약속하는 시간을 갖고, 종이 아래쪽에 예수님께 보내는 편지를 적는 시간을 갖는다.

─── 기드온은 우상을 무너뜨렸어요. 여러분! 우상이 무엇인가요? 우상은 바로 하나님보다 더 사랑하는 모든 거예요. 하나님은 우리가 하나님보다 다른 것을 사랑하기를 원하지 않으세요. 하나님보다 더 사랑하는 것이 있다면 생각해 보고, 하나님을 더욱 사랑하게 해 달라고 이 시간 함께 기도해요.

기드온의 횃불 만들기 *

[준비물] 아이스크림콘, 붉은 계열의 막대 과자

① 아이들에게 아이스크림콘과 붉은 계열의 막대 과자를 나누어 준다.

② 아이스크림콘 안에 막대 과자를 꽂아 기드온의 횃불을 만들어 보게 한다. 불꽃이 타오르듯 막대 과자를 꽂아 보라고 말해 준다.

─── 기드온과 300명의 용사들이 전쟁에 나아갔을 때 그들은 적에 비해 아주 적은 수였어요. 하지만 그들은 하나님의 말씀대로 횃불이 든 빈 항아리와 나팔을 가지고 전쟁에 나아갔답니다. 기드온과 그와 함께한 사람들이 나팔을 불자 기드온의 군사들은 항아리를 부수었어요. 왼손에는 횃불을 들고 오른손으로는 나팔을 불며 나아갔지요. 하나님이 방법을 가르쳐 주셨어요. 우리도 하나님의 말씀에 순종해 용기를 가지고 나아갈 때 기드온처럼 승리할 수 있어요. 예수님은 우리에게 승리를 주시는 분이에요.

항아리를 부수어라! *

[준비물] 일회용 종이 그릇 40개, 사인펜, 스톱워치

① 아이들을 두 팀으로 나누고, 일회용 종이 그릇 40개를 바닥에 깐다. 절반은 바로 놓고, 절반은 뒤집어 골고루 퍼뜨려 놓아 둔다.

② 인도자가 "시작!"을 외치면 A팀이 먼저 나가 그릇을 바로 놓는다. 스톱워치로 1분을 잰다.

③ 1분이 지나면 다시 "시작!"을 외치고 이번에는 A팀이 들어옴과 동시에 B팀이 나가 그릇을 뒤집어 놓는다. 1분 후 종이 그릇이 놓인

모양끼리 개수를 세고 개수가 많은 팀이 승리한다.

TIP 시간은 팀원 수에 따라, 아이들의 속도에 따라 조정할 수 있다.

④ 두 번째 게임은 각각 20개의 종이 그릇 뒷면에 팀별 표시를 그린 뒤 표시가 보이도록 놓아 둔다.

⑤ 인도자가 "시작!"을 외치면 모두 다 같이 자기 팀 종이 그릇을 보호하며 다른 팀 종이 그릇을 밟아야 한다고 말해 준다.

⑥ 마지막 그릇을 밟으며 "하나님이 승리를 주세요!"라고 외치는 팀이 승리한다.

━━━ 기드온과 300명의 용사들이 전쟁에 나아갔을 때 그들은 적에 비해 아주 적은 수였어요. 하나님이 직접 전쟁에서 이길 수 있는 방법을 가르쳐 주셨는데 그것은 바로 횃불이 든 빈 항아리와 나팔을 들고 나가라는 것이었어요. 적들이 자고 있을 때 항아리를 부수고 횃불을 들고 나팔을 분 그들은 전쟁에서 이길 수 있었어요. 하나님은 우리가 기도할 때 우리에게 승리할 수 있는 방법을 가르쳐 주시는 분이에요. 언제나 승리하실 수 있는 분은 오직 예수님뿐이세요.

 # 보물 상자

[준비물] 학생용 교재 50쪽, 연필이나 색연필

① 아이들에게 잘하는 일과 잘 못하는 일이 무엇인지 그림이나 글로 표현해 보게 한다.

② 우리가 잘하는 일을 통해서도, 잘 못하는 일을 통해서도 하나님은 영광을 받으신다고 아이들에게 말해 준다.

━━━ **하나님은 어떻게 하나님의 계획을 이루시나요? 하나님은 사람들을 통해 하나님의 계획을 이루세요. 하나님의 계획은 하나님의 영광을 드러내고 사람들에게는 유익해요.** 우리가 죄에서 돌이켜 예수님을 믿으면 예수님은 우리의 주님이 되어 주세요. 이 말은 우리의 삶에서 무엇을 할지에 대해 예수님이 결정하신다는 뜻이에요. 많은 경우에, 하나님은 우리의 약함을 하나님의 영광을 위해 사용하세요. 이번 주에 하나님이 여러분을 통해 다른 사람들에게 예수님을 전하실 수 있다는 사실을 기억하세요. 여러분의 장점을 통해서도, 여러분의 약점을 통해서도 말이지요.

우리는 하나님을 전함으로써 하나님께 영광을 돌릴 수 있어요. 또는 하나님을 섬기는 우리의 삶이 어떻게 다른지 보여 줌으로써 하나님께 영광을 돌릴 수도 있답니다.

③ 시간 여유가 있다면 아이들의 기도 제목을 받거나 학생용 교재의 성경 이야기 그림을 색칠하게 해도 좋다.

메시지 카드

이번 주 메시지 카드로 부모님과 함께 오늘 배운 성경 이야기를 나누어 보라고 한다.

기도

사랑하는 하나님, 기드온과 같은 사람들을 사용하셔서서 하나님의 계획을 이루어 주시니 감사합니다. 우리는 약하지만 하나님은 강하십니다. 우리가 완벽하지 않아도 하나님의 계획에 불러주시고 하나님께 영광을 올려 드릴 수 있게 해 주셔서 감사합니다. 항상 하나님의 계획을 믿고 순종하는 우리가 되게 해 주세요. 우리에게는 스스로를 구원할 능력이 없습니다. 예수님을 통해 우리를 구원하시고 우리가 하나님과 영원히 함께할 수 있게 해 주셔서 감사합니다. 예수님의 이름으로 기도합니다. 아멘.

9 삼손에게 다시 힘을 주셨어요

삿 13~16장

소라 땅에 사는 단 지파의 가족 중에 마노아라는 사람이 있었는데 그의 아내는 아기를 낳지 못했습니다. 여호와의 사자가 그 여인에게 나타나 곧 아들을 낳을 것인데 그는 하나님께 바쳐진 나실인이며, 블레셋에게서 이스라엘을 구원할 자가 될 것이라고 말했습니다.

삼손은 성장하며 하나님의 큰 축복을 받아 놀라운 힘을 소유하게 되었습니다. 그러나 삼손이 블레셋 여인과 결혼하고 싶다고 했을 때 그의 부모는 혼란스러웠습니다. 블레셋으로부터 이스라엘을 구원할 자가 왜 하필 블레셋 사람과 결혼하고 싶어 했던 것일까요? 그러나 하나님은 이 모든 일 가운데 놀라운 계획을 갖고 계셨습니다(삿 14:4).

삼손은 함께 결혼식을 준비하던 블레셋 사람들에게 자신이 겪었던 한 사건에 대해 수수께끼를 냈습니다(삿 14:5~14). 그들은 삼손의 아내를 협박해 답을 알아 오라고 했습니다. 이 일은 삼손의 죽음으로 이어지는 일련의 사건의 불씨가 되었습니다. 그들이 수수께끼를 풀자 삼손은 매우 화가 나서 여우 300마리를 잡아 와 꼬리와 꼬리를 매고 횃불을 달아 불을 붙이고 블레셋 사람들의 곡식밭으로 몰아들여서 다 태워 버렸습니다. 또한 나귀 턱 뼈로 1,000명을 죽였습니다.

블레셋의 지도자들은 삼손을 죽이기로 결정했습니다. 삼손이 들릴라라는 여인과 다시 사랑에 빠지자 그들은 그녀에게 뇌물을 주어 삼손의 힘이 어디에서 나오는지 알아내게 했습니다. 삼손이 들릴라의 무릎을 베고 자고 있을 때 한 남자가 와서 삼손의 머리털을 밀어 버렸습니다. 삼손은 모든 힘을 잃고 그만 무기력해졌습니다. 블레셋 사람들은 삼손을 붙잡아 그의 눈을 빼고 청동 사슬로 묶어 감옥에서 맷돌을 돌리게 했습니다. 그러나 그의 머리털이 다시 자라기 시작했습니다.

어느 날 블레셋 지도자들은 그들의 신전에서 다곤에게 제사 지내며 잔치를 벌일 때 전리품인 삼손을 불러다가 재주를 부리게 했습니다. 그들은 삼손을 신전의 두 기둥 사이에 세워 두었습니다. 삼손은 "주 여호와여 구하옵나니 나를 생각하옵소서 하나님이여 구하옵나니 이번만 나를 강하게 하사 나의 두 눈을 뺀 블레셋 사람에게 원수를 단번에 갚게 하옵소서"(삿 16:28)라고 간구했습니다. 하나님은 그에게 힘을 주셨고, 삼손은 기둥을 껴안아 신전을 무너뜨렸습니다. 삼손이 죽을 때 죽인 사람의 수가 살았을 때 죽인 수보다 더 많았습니다(삿 16:30).

● ● ● **티칭 포인트**

비록 삼손은 하나님께 불순종했지만 하나님은 그를 통해 블레셋 사람들로부터 이스라엘을 구하심으로써 하나님의 계획을 이루셨다는 사실을 아이들에게 알려 주십시오. 예수님은 마지막 구원자로 오셔서 자신의 삶과 죽음을 통해 그분을 믿는 자들을 구원하셨습니다.

주 제
하나님이 삼손에게 힘을 주셨어요.

가스펠 링크
삼손은 자기 죄로 죽게 되었지만
하나님은 그의 죽음을 통해
이스라엘 백성을 구원하셨어요.
예수님은 죄가 없는 분이지만
하나님은 예수님의 죽음과 부활을 통해
우리가 영원한 생명을 얻게 하셨어요.

삼손에게 다시 힘을 주셨어요 삿 13~16장

이스라엘 백성은 하나님께 순종하지 않았어요. 그래서 하나님은 이스라엘의 대적인 블레셋이 이스라엘을 정복하게 하셨어요.

어느 날 여호와의 사자가 마노아의 아내에게 나타나 말했어요. "너는 아들을 낳을 것이다. 그런데 그의 머리카락을 잘라서는 안 된다. 그 아이는 배 속에서부터 하나님께 드려진 나실인이기 때문이다. 그가 블레셋 사람의 손에서 이스라엘을 구원하기 시작할 것이다." 곧 아기가 태어났고, 이름을 삼손이라고 지었어요. 하나님은 삼손을 축복하셔서 그에게 힘을 주셨어요.

그런데 어른이 된 삼손은 대적인 블레셋의 여인과 결혼하고 싶어 했어요. 그는 부모님과 함께 블레셋 여인을 만나러 딤나로 갔어요. 가는 길에 젊은 사자 한 마리가 삼손에게 달려들었어요. 삼손은 사자를 맨손으로 찢어서 죽게 했어요. 얼마 후 삼손은 결혼식을 치르기 위해 부모님과 함께 다시 딤나로 갔어요. 그 길에서 자신이 죽게 했던 사자의 시체를 보았어요. 죽은 사자의 몸에는 벌 떼와 꿀이 있었어요. 삼손은 손으로 그 꿀을 떠서 먹었고 부모님께도 드렸어요.

삼손은 결혼식 준비를 도와주던 블레셋 사람들에게 수수께끼를 냈어요. "먹는 자에게서 먹을 것이 나오고 강한 자에게서 단 것이 나왔느니라." 수수께끼의 정답은 사자와 꿀이었지만, 블레셋 사람들은 수수께끼를 풀지 못했지요. 그들은 삼손의 아내에게 답을 알아냈어요. 삼손은 화가 나서 아내를 떠났어요.

얼마 후 삼손이 아내를 찾으러 돌아왔지만, 아내는 이미 다른 남자와 결혼한 후였어요. 화가 난 삼손은 여우 300마리를 잡아서 꼬리와 꼬리를 매고 그 사이에 횃불을 달아 블레셋 사람들의 곡식밭으로 몰았어요. 곡식단과 포도원과 감람나무들이 다 불타 버렸지요. 블레셋 사람들은 화가 났고, 삼손을 죽이고 싶어 했어요.

삼손은 들릴라라는 블레셋 여인을 사랑하게 되었어요. 블레셋 사람들은 들릴라에게 돈을 주고 삼손이 가진 큰 힘의 비밀을 알아내게 했어요. 들릴라는 여러 차례 힘의 비밀을 알아내려다 실패했어요. 그러다가 마침내 삼손은 들릴라의 꾐에 넘어가 사실을 말해 주고 말았어요. "만약 내 머리카락을 잘라 버리면 나는 힘이 빠져서 다른 사람처럼 약해진다오."

삼손이 자고 있을 때 한 사람이 와서 그의 머리카락을 잘랐어요. 블레셋 사람들은 삼손의 눈을 빼고 청동 사슬로 묶어 감옥에서 맷돌을 돌리게 했어요. 그렇지만 삼손의 머리카락이 다시 자라기 시작했어요.

어느 날 블레셋 사람들은 그들의 신 다곤에게 제사를 드리는 신전에 삼손을 불러 재주를 부리게 하자고 했어요. 그들은 삼손을 신전의 두 기둥 사이에 세웠어요. 삼손은 하나님께 부르짖었어요. "주 여호와여, 나를 생각하옵소서. 이번만 나를 강하게 하사 원수를 단번에 갚게 하소서." 그러자 하나님이 삼손에게 힘을 주셨어요. 삼손이 두 기둥을 껴안고 힘을 다해 몸을 굽히자 신전이 무너졌어요. 삼손과 그곳에 있던 모든 블레셋 사람이 죽고 말았어요.

●●가스펠 링크

삼손은 자기 죄로 죽게 되었지만 하나님은 그의 죽음을 통해 이스라엘 백성을 대적으로부터 구원하셨어요. 예수님은 결코 죄가 없으셨지만 하나님은 예수님을 십자가에서 죽으시고 부활하게 하셔서 예수님을 믿는 사람들이 죄를 용서받고 영원한 생명을 얻게 하셨어요.

가스펠 준비 10~20분

환영

도착하는 아이들을 반갑게 맞이하고 헌금, 출석, QT 등을 확인하며 격려한다. 새 친구가 있다면 소개한다. 편안한 분위기에서 안부를 물으며 오늘의 말씀과 관련된 화제로 이야기를 나눈다. 아이들이 도착하면 팔 굽혀 펴기, 윗몸 일으키기, 스쿼트, PT 체조 등 함께 운동을 한다.

▬▬ 하나님은 삼손에게 힘을 주셨어요. 작은 힘이 아니라 아주 놀라운 힘이었지요! 우리는 하나님이 삼손을 통해 하나님의 계획을 어떻게 이루셨는지에 대해 배울 거예요.

마음 열기

엄지손가락 레슬링 *

① 아이들을 둘씩 짝을 지은 후 손을 맞잡아 주먹을 만들고 엄지를 위로 들라고 한다.

② 인도자가 "시작!"을 외치면 엄지손가락으로 레슬링을 한다. 이때 상대방의 엄지손가락을 제압해 3초 동안 누르고 있으면 승리한다.

③ 짝을 바꾸어 게임을 계속한다.

▬▬ 엄지손가락 레슬링에서는 힘이 센 것이 좋은가요, 아니면 유연한 것이 좋은가요? 사실 두 가지가 다 필요하답니다. 오늘 우리는 삼손에 대해 배울 거예요. 하나님은 삼손에게 놀라운 힘을 주셔서 이스라엘 백성의 대적인 블레셋을 이기게 하셨어요. 삼손은 어떤 사사였는지 함께 알아보아요.

삼손, 들릴라, 사자 *

① 아이들에게 새로운 가위바위보 게임을 제안한다.

② 아이들을 둘씩 짝을 지은 후 서로 등을 맞대고 세운다.

③ 인도자가 "하나, 둘, 셋!" 하면 아이들이 뒤로 돌면서 점프해 상대방을 마주 보게 한다. 동시에 다음 셋 중 하나의 포즈를 취해야 한다고 말해 준다. 삼손은 사자를 이기고, 사자는 들릴라를 이기고, 들릴라는 삼손을 이긴다.

예) · 삼손 : 알통을 자랑하면서 힘센 사람의 포즈를 취한다.

　　· 들릴라 : 한 손은 허리에 얹고 다른 한 손으로는 머리를 쓸어 넘긴다.

　　· 사자 : 얼굴 앞에서 양손을 폈다 접으며 사자 흉내를 낸다.

④ 한 아이만 남을 때까지 게임을 계속한다.

⑤ 시간 여유가 있다면 짝을 바꾸어 게임을 계속한다.

▬▬ 하나님은 삼손에게 블레셋 족속을 이길 힘을 주셨어요. 그러나 삼손은 잘못된 선택을 했어요. 블레셋 족속은 들릴라에게 돈을 주고 삼손의 힘의 비밀을 알아내게 했어요. 그리고 들릴라는 그 비밀을 알아냈지요. 삼손은 하나님의 계획을 모두 망쳐 버린 것처럼 보였지만 하나님은 여전히 모든 것을 주관하고 계셨어요. 삼손이 죽음으로 물리친 대적의 숫자는 그가 살았을 때 물리친 숫자보다 더 많았어요. **하나님은 어떻게 하나님의 계획을 이루시나요? 하나님은 사람들을 통해 하나님의 계획을 이루세요. 하나님의 계획은 하나님의 영광을 드러내고 사람들에게는 유익해요.**

85

들어가기

[준비물] 패밀리 레스토랑 종업원 복장(단색 셔츠, 정장 바지, 앞치마, 이름표), 공책, 연필

패밀리 레스토랑 종업원 복장을 하고 이름표를 단 채 들어온다. 주문을 받기 위한 공책과 연필이 손에 들려 있다.

안녕하세요, 여러분! 저희 레스토랑을 다시 찾아 주셔서 감사해요. 어깨가 아픈 것처럼 주무른다. 여러분도 아시겠지만 우리는 음식과 음료가 담긴 무거운 쟁반을 계속해서 날라야 해요. 하루에 몇 시간씩 서 있어야 하고요. 이렇게 빠르게 진행되는 환경에 있으면 힘이 굉장히 세져요. 한편 근육이 뻣뻣해지고 아프기도 하답니다. 성경 이야기를 듣기 전에 우리 다 같이 일어나서 스트레칭을 한번 해 볼까요? 간단한 스트레칭을 함께 한다.

연대표

  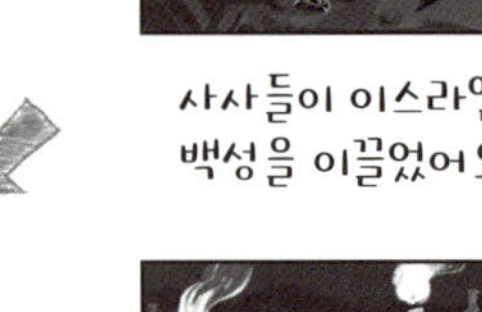     

여호수아가 당부했어요

사사들이 이스라엘 백성을 이끌었어요

드보라와 바락이 노래했어요

겁쟁이 기드온이 용사가 되었어요

삼손에게 다시 힘을 주셨어요

룻과 나오미를 보살펴 주셨어요

지난 몇 주 동안 우리는 사사 시대의 이스라엘 백성에 대해 배웠어요. 이스라엘 백성의 반복된 죄의 악순환 패턴에 대해

말해 줄 수 있는 친구가 있나요? 자원하는 아이가 있다면 답하게 한다. 도움을 필요로 하면 도와주고, 답변이 끝나면 칭찬해 준다. 오늘의 성경 이야기에서는 삼손이라는 사사에 대해 배울 거예요. 하나님은 삼손이 태어나기도 전에 그를 향한 특별한 계획을 갖고 계셨어요. 삼손을 향한 하나님의 계획이 무엇인지 알아보아요.

성경의 초점

오늘의 성경 이야기를 듣기 전에 2단원의 '성경의 초점'을 함께 이야기해 볼까요? **하나님은 어떻게 하나님의 계획을 이루시나요? 하나님은 사람들을 통해 하나님의 계획을 이루세요. 하나님의 계획은 하나님의 영광을 드러내고 사람들에게는 유익해요.** 삼손의 이야기를 들으면서 하나님이 하나님의 영광을 드러내기 위해 사람들을 어떻게 사용하셨는지 생각해 보세요.

성경 이야기

사사기 13~16장을 펴고, 설교 영상(지도자용 팩)을 보여 주거나 이야기 성경을 들려준다.

하나님은 마노아라는 사람의 아내에게 하나님의 사자를 보내서서 아들을 낳을 것이라고 말씀하셨어요. 여러분은 여호와의 사자가 삼손의 머리카락에 대해 전한 내용을 기억하고 있나요? 아이들의 대답을 기다린다. 맞아요! 삼손은 머리카락을 잘라서는 안 되었어요. 절대로요! 성경은 삼손이 태어나면서부터 나실인이라고 말해요. 나실인이란 하나님께 서원해 바쳐진 사람으로서, 서원을 마치기 전까지는 머리카락을 자르지 못했어요(민 6장). 삼손은 태어나면서부터 죽는 날까지 하나님께 바쳐진 나실인이었어요. 따라서 평생 그 언약을 지켜야 했지요.

복 / 습 / 질 / 문

성경 이야기를 얼마나 기억하고 있는지 알아볼까요? 객관식 문제예요. 정답에 해당하는 번호를 말해 주세요.

1 여호와의 사자가 마노아의 아내에게 한 말은 무엇인가요?

① 아들을 낳을 것이다.

② 새 차를 받을 것이다.

③ 부자가 될 것이다.

정답 : ① 아들을 낳을 것이다 (삿 13:1~7)

2 삼손의 힘의 근원은 무엇이었나요?

① 머리카락 ② 시금치 ③ 하나님

정답 : ③ 하나님이 삼손에게 힘을 주셨다 (삿 14:6, 19, 15:14)

3 삼손이 맨손으로 죽인 동물은 무엇인가요?

① 곰 ② 사자 ③ 늑대

정답 : ② 사자 (삿 14:6)

4 삼손이 사랑했던 블레셋 여인은 누구인가요?

① 릴리안 ② 필리스 ③ 들릴라

정답 : ③ 들릴라 (삿 16:4)

5 하나님은 어떻게 하나님의 계획을 이루시나요?

① 하나님은 사람들을 통해 하나님의 계획을 이루세요.

② 하나님은 착하고 능력이 많은 사람들만 사용하세요.

③ 하나님은 계획이나 약속을 잊으실 때도 있어요.

④ 하나님의 계획은 하나님의 영광을 드러내고 사람들에게는 유익해요.

정답 : ①, ④ 하나님은 사람들을 통해 하나님의 계획을 이루세요. 하나님의 계획은 하나님의 영광을 드러내고 사람들에게는 유익해요.

삼손에게 힘을 준 것은 정말로 삼손의 머리카락이었을까요? 아니에요! 하나님이 삼손에게 힘을 주셨어요. 삼손의 머리카락은 하나님에 대한 순종의 상징일 뿐이었지요. 문제는 삼손이 현명한 선택을 하지 못했다는 거예요. 여러분은 어떻게 생각했는지 모르겠지만, 들릴라가 삼손에게 힘의 비밀에 대해 물었을 때 저는 '안 돼요, 삼손! 그러지 마세요! 들릴라를 믿지 마세요!' 하고 생각했어요. 안타깝게도 삼손은 어리석은 선택을 했어요. 이스라엘의 대적인 블레셋 사람인 들릴라에게 머리카락의 비밀을 말해 버린 거예요. 그리고 힘을 잃어버렸지요.

삼손은 자기 죄로 죽게 되었지만 하나님은 그의 죽음을 통해 이스라엘 백성을 대적으로부터 구원하셨어요. 예수님은 결코 죄가 없으셨지만 하나님은 예수님을 십자가에서 죽으시고 부활하게 하셔서 예수님을 믿는 사람들이 죄를 용서받고 영원한 생명을 얻게 하셨어요.

 **복음 초청**

성경과 37쪽 복음 초청 가이드를 이용해서 아이들에게 그리스도인이 되는 법을 설명해 준다. 따로 상담해 줄 사람을 정해 주고 궁금한 점이 있으면 물어보도록 격려한다.

이 시간 예수님을 마음에 모시고 싶은 친구는 함께 기도해요.

 **기도**

사랑하는 하나님, 하나님은 우리의 구원자이십니다. 하나님은 우리 힘의 근원이십니다. 삼손이 하나님이 주신 힘으로 이스라엘을 구원했던 것처럼 예수님을 통해 우리를 죄에서 구원해 주셔서 감사합니다. 우리도 하나님이 주신 힘으로 하나님의 영광을 위해 살 수 있도록 우리를 사용해 주세요. 예수님의 이름으로 기도합니다. 아멘.

 **적용**

TIP 설교 도입이나 적용으로 활용하거나 영상을 본 뒤 소그룹에서 풍성한 대화를 이어 갈 수 있습니다.

여러분은 무엇인가를 제대로 통제하지 못했던 적이 있나요? 다음 영상을 함께 보아요.

적용 예화 영상(지도자용 팩)을 보여 준다.

비행기의 속도가 빠른 것이 나쁜 것일까요? 어디서 문제가 생긴 것일까요?

삼손은 하나님이 주신 자신의 재능을 제대로 사용했는지 물어본다. 그리고 하나님이 주신 재능은 좋은 방향으로도, 나쁜 방향으로도 쓰일 수 있다고 말해 준다. 예를 들어, 많은 것을 가진 사람은 그것으로 다른 사람들을 축복해 줄 수도 있고, 낭비할 수도 있다.

하나님은 삼손에게 힘을 주셨어요. 그렇지만 삼손은 하나님이 주신 힘을 항상 하나님의 영광을 위해 사용했던 것은 아니에요. 하나님은 우리에게도 좋은 것들을 주셨어요. 우리는 하나님이 우리에게 주신 것들을 하나님의 영광을 위해 사용하도록 주의해야 해요.

가스펠 소그룹

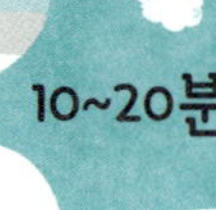

 나침반

머리카락 암송

[준비물] 2단원 암송(108쪽), 학생용 교재 54쪽, 81쪽 머리카락 스티커

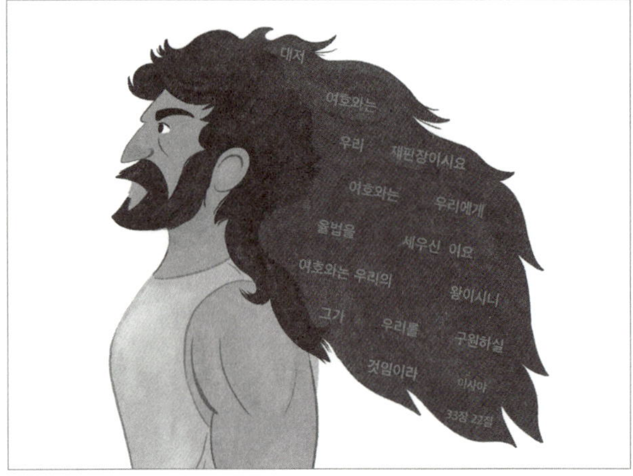

① 학생용 교재 81쪽 머리카락 스티커를 떼어 이사야 33장 22절 말씀 순서대로 삼손의 머리카락을 붙이게 한다.

TIP 다 함께 한 어절씩 외우고 스티커를 찾게 하는 것도 좋다.

② 완성되면 다 함께 암송 구절을 외운다.

▬▬▬ 삼손의 힘은 어디에서 나왔을까요? 삼손의 힘의 근원은 머리카락이었어요. 그런데 머리카락보다 더 중요한 근원은 바로 하나님이세요. 하나님이 삼손에게 힘을 주셔서 이스라엘을 구원할 사사로 세우셨어요.

 보물 지도

Yes 또는 No

[준비물] 성경

① 성경에서 사사기 13장, 16장을 펴게 한다.

② 인도자가 성경 구절을 불러 주면 자원자가 해당 구절을 큰 소리로 읽게 한다. 성경 찾기를 어려워하는 아이가 있다면 도와준다.

③ 성경 말씀에서 좋은 소식이면 엄지손가락을 위로 올리며 "와!" 하고 환호를 보내라고 한다. 나쁜 소식이면 양손 검지로 'X' 자를 만들며 안타까운 마음을 담아 "안 돼!" 하고 외치게 한다.

1 삿 13:1 | 이스라엘 백성은 하나님께 순종하지 않았어요. ("안 돼!")

2 삿 13:3~5 | 하나님은 한 여인에게 그가 낳을 아들이 이스라엘을 블레셋의 손에서 구원할 것이라고 약속하셨어요. ("와!")

3 삿 13:24 | 삼손이 태어났어요. ("와!")

4 삿 16:6 | 들릴라는 삼손의 힘의 비밀을 알아내려 했어요. ("안 돼!")

5 삿 16:7~13 | 들릴라는 삼손을 약하게 만들려고 했어요. ("안 돼!")

6 삿 16:17 | 삼손은 들릴라에게 자신의 힘의 비밀을 말했어요. ("안 돼!")

7 삿 16:19 | 삼손의 머리카락을 자르니 힘이 없어졌어요. ("안 돼!")

8 삿 16:21 | 블레셋 사람들이 삼손의 눈을 빼고 감옥에 가두었어요. ("안 돼!")

9 삿 16:22 | 삼손의 머리카락이 다시 자라기 시작했어요. ("와!")

10 삿 16:25 | 블레셋 사람들이 삼손을 신전으로 데려갔어요. ("안 돼!")

11 삿 16:28~30 | 하나님이 삼손에게 다시 힘을 주셨어요. ("와!")

▬▬▬ 하나님의 사자가 삼손의 어머니에게 나타나 아들이 태어날 것이며 그 아들이 이스라엘을 블레셋의 손에서 구원할 것이라고 말해 주었어요. 삼손은 잘못된 선택을 했지만 하나님은 결국 삼손을 통해 블레셋 사람들을 물리치셨어요. **하나님은 어떻게 하나님의 계획을 이루시나요? 하나님은 사람들을 통해 하나님의 계획을 이루세요. 하나님의 계획은 하나님의 영광을 드러내고 사람들에게는 유익해요.**

 탐험하기

에너지의 근원을 찾아라!

[준비물] 학생용 교재 55쪽, 연필

① 스탠드, 손전등, 양초, 풍차, 그리고 삼손의 힘은 어디에서 온 것인지 물어보고, 선으로 잇게 한다.

② 자신에게 어떤 능력이 있는지 친구들에게 말해 보고, 그 능력의 근원이 어디인지 생각해 보는 시간을 갖는다.

▬▬ 스탠드는 전기에서, 손전등은 건전지에서, 양초는 성냥에서, 풍차는 바람에서 힘을 얻는 것처럼 삼손에게도 힘의 근원이 있었어요. 긴 머리였을까요? 아니에요. 삼손의 힘의 근원은 바로 하나님이셨어요. 그런데 삼손은 참 어리석은 행동을 했어요. 자신의 비밀을 들릴라에게 말해 버리고서는 머리카락이 다 잘려 힘을 잃어버렸지요. 이것은 우리가 하나님의 말씀에 불순종할 때 승리할 수 없다는 것을 깨닫게 해 주어요. 성경은 우리가 예수님을 우리의 구주로 맞아들일 때 하나님이 성령님을 보내 주셔서, 하나님을 사랑하고 하나님께 순종할 힘을 주신다고 말해요.

삼손의 머리카락을 붙여라! ✱

[준비물] 5cm 두께로 자른 도화지, 털실이나 길게 자른 천, 풀, 셀로판테이프, 가위

① 도화지를 5cm 두께로 길게 잘라 둔다.

② 아이들에게 길게 자른 도화지를 나누어 준 뒤 양 끝을 붙여 머리띠를 만들게 한다.

③ 아이들에게 털실(삼손의 머리카락) 5~10개를 각각 나누어 준다.

④ 돌아다니며 가위바위보를 해 이긴 아이들이 진 아이들에게 머리카락 하나씩을 받으라고 한다.

⑤ 받은 머리카락을 자기 머리띠에 붙이게 한다. 가장 많은 머리카락을 붙인 아이가 승리한다.

▬▬ 들릴라가 삼손의 힘의 비밀을 알아내 사람을 불러와 그의 머리카락을 자르자 삼손은 힘을 잃고 말았어요. 삼손은 하나님의 말씀에 순종해 머리카락을 소중하게 간직할 때 힘을 발휘할 수 있었어요. 우리 친구들도 하나님의 자녀답게 말씀에 순종함으로 능력을 받아 승리의 삶을 살아가기를 축복해요.

머리카락 싸움 ✱

① 아이들을 둘씩 짝을 지은 후 각자 자기 머리카락을 하나씩 뽑으라고 한다. 길거나 억센 머리카락이 좋다고 말해 준다.

② 머리카락을 십자 모양으로 대고 서로 밀거나 당겨 상대방의 머리카락을 끊어뜨리는 게임이라고 설명해 준다.

③ 살아남은 아이들끼리 게임을 반복해 최후의 승자를 선정한다.

TIP 머리카락이 짧은 아이는 친구에게 얻을 수 있다.

▬▬ 삼손의 힘의 근원은 머리카락이었나요? 우리가 머리카락 싸움을 하면서 느꼈듯이 머리카락은 매우 약한 존재예요. 삼손의 머리카락은 하나님의 말씀에 대한 순종의 상징일 뿐이었어요. 실제로 삼손의 힘은 하나님께 받은 것이었어요. 여러분, 오직 하나님의 말씀에 순종함으로 승리할 수 있기를 축복해요.

 보물 상자

나만의 기록장

[준비물] 학생용 교재 56쪽, 연필이나 색연필

① 머리카락이 잘리기 전의 삼손과 머리카락이 잘린 삼손의 모습을 그림으로 표현해 보게 한다. 어떤 차이가 있는지 물어본다.

② 하나님이 왜 삼손에게 강한 힘을 주셨는지에 대해 이야기를 나눈다.

③ 아이들이 활동하는 동안 '성경의 초점' 질문과 답을 들려 준다.

▬▬ 하나님은 삼손에게 블레셋 족속을 물리칠 힘을 주셨어요. 삼손은 많은 실수를 했지만 삼손의 실수가 하나님의 계획을 막을 수는 없었어요. **하나님은 어떻게 하나님의 계획을 이루시나요? 하나님은 사람들을 통해 하나님의 계획을 이루세요. 하나님의 계획은 하나님의 영광을 드러내고 사람들에게는 유익해요.**

메시지 카드

이번 주 메시지 카드로 부모님과 함께 오늘 배운 성경 이야기를 나누어 보라고 한다.

기도

하나님, 예수님을 통해 우리를 구원해 주셔서 감사합니다. 삼손이 부족하고 실수했지만 끝까지 하나님의 구원 계획을 이루어 주신 것을 감사드립니다. 우리도 하나님의 영광을 위해 사용해 주세요. 예수님의 이름으로 기도합니다. 아멘.

10

룻과 나오미를 보살펴 주셨어요

룻 1~4장

본문 속으로

성경의 제목 중 여인의 이름으로 된 책은 단 두 권뿐입니다. 바로 룻기와 에스더서입니다. 룻의 이야기는 사사 시대를 배경으로 합니다. 당시 사람들은 반역과 부도덕함으로 특징지어집니다. 이스라엘 백성이 그들을 인도할 왕을 달라고 하나님께 요구하던 시대에 룻의 신실함은 예수님께 초점을 맞추게 합니다. 예수님은 사람들이 기다리던 구원자로서 모든 잘못을 바로잡으실 분이었습니다.

룻은 나오미의 며느리였습니다. 나오미는 원래 베들레헴 출신이었으나 남편과 두 아들과 함께 흉년을 피해 모압 지방에 거했습니다. 나오미의 남편이 죽은 후, 두 아들은 각각 모압 여인인 오르바와 룻과 결혼했습니다. 그들은 모압에 거주한 지 10년쯤 되었을 무렵에 모두 죽고 말았습니다.

나오미는 여호와께서 자기 백성을 돌보셔서 그들에게 양식을 주셨다는 소식을 듣고 유다 땅으로 돌아가기로 결정했습니다. 오르바는 자신의 집으로 돌아갔으나 룻은 나오미와 함께 남았습니다. 룻은 이렇게 말했습니다. "어머니께서 가시는 곳에 나도 가고 어머니께서 머무시는 곳에서 나도 머물겠나이다 어머니의 백성이 나의 백성이 되고 어머니의 하나님이 나의 하나님이 되시리니"(룻 1:16). 나오미와 룻은 베들레헴으로 함께 돌아갔습니다.

나오미는 룻이 밭에서 이삭을 줍도록 허락했습니다. 밭의 주인은 보아스라는 사람으로, 나오미의 남편 엘리멜렉의 친족이었으며 '기업 무를 자'였습니다. 기업 무를 자란 문제가 생겼을 때 도와줄 책임이 있는 가까운 친척을 말합니다. 보아스는 룻을 보고 이삭을 주우러 다른 밭으로 가지 말고 안전하게 자신의 밭에 있으라고 말했습니다. 룻은 나오미의 말에 따라 보아스에게 가서 기업 무를 자가 되어 달라고 말했습니다. 보아스는 나오미의 남편이 팔아 버렸던 땅을 다시 사서 돌려주었고 룻과 결혼했습니다. 그들은 아들을 낳아 오벳이라는 이름을 지어 주었습니다. 오벳은 다윗 왕의 할아버지입니다.

주 제

하나님은 룻과 나오미를 구해 줄 사람을 보내 주셨어요.

가스펠 링크

보아스는 룻과 나오미가 어려운 일을 겪고 있을 때 그들의 고통을 책임지고 돌보았어요. 예수님은 우리가 겪을 죄의 형벌을 대신 치르시고 우리를 구원하셨어요.

● ● 티칭 포인트

하나님은 이방인인 룻을 예수 그리스도의 계보에 특별히 집어넣으셨습니다. 아이들에게 우리의 구세주이신 예수님을 소개해 주십시오. 그분이 자신의 피로 대가를 치르시고 우리를 구원하셨다는 기쁜 소식을 알려 주십시오.

룻과 나오미를 보살펴 주셨어요 _{룻 1~4장}

나오미는 유다의 베들레헴 지방에서 남편과 두 아들과 함께 살고 있었어요. 그때는 드보라, 기드온, 삼손 등 사사들이 이스라엘을 다스리고 있던 때였어요. 그 땅에 흉년이 들어서 먹을 것이 부족해지자 나오미와 남편은 모압으로 이사를 가기로 결정했어요. 그런데 나오미의 남편은 모압에서 죽고 말았어요. 나오미의 아들들은 각각 모압의 여인인 오르바, 룻과 결혼했어요. 그런데 모압에서 산 지 10년쯤 지났을 때 나오미의 아들들도 죽고 말았어요. 나오미, 오르바, 룻은 모두 혼자가 되었어요. 베들레헴 지방에 흉년이 끝났다는 소식을 들은 나오미는 고향으로 돌아가기로 했어요.

헤어지기 아쉬웠지만 나오미의 설득으로 오르바는 집으로 돌아갔고, 룻은 남았어요. 룻은 "어머니께서 가시는 곳에 저도 가고, 어머니께서 머무시는 곳에서 저도 머물겠습니다. 어머니의 백성이 저의 백성이 되고, 어머니의 하나님이 저의 하나님이 되실 것입니다"라고 하며 나오미와 함께 베들레헴으로 돌아왔어요.

나오미는 룻이 밭에 가서 이삭을 주워 오겠다고 하자 허락해 주었어요. 룻은 우연히 보아스의 밭에 이르렀어요. 보아스는 나오미의 남편의 친척으로, 선한 사람이었어요. 보아스는 밭에서 룻을 보았어요. 그는 룻이 시어머니 나오미를 정성으로 대한 이야기를 전해 듣고는 룻에게 다른 밭으로 가지 말고 자기 밭에서 안전하게 이삭을 주우라고 말했어요. 보아스는 룻이 이삭을 쉽게 주워 갈 수 있도록 일하는 소년들에게 곡식 다발에서 이삭을 조금씩 뽑아 버려두라고 했어요. 덕분에 룻은 밭에서 이삭을 많이 모을 수 있었어요.

룻은 나오미에게 돌아가 이삭 주운 것을 보여 주었어요. 나오미는 보아스에 대한 이야기를 듣고는 이렇게 말했어요. "하나님이 보아스에게 복 주시기를 원한다. 그는 우리가 겪는 어려움을 도와줄 책임이 있는 가까운 친척이란다." 나오미는 보아스가 룻을 돌보아 줄 것을 알고 룻에게 보아스의 밭에서 일하라고 이야기했어요.

나오미는 룻이 그녀를 돌보아 줄 남편을 만나기를 원했어요. 그래서 룻에게 특별한 일을 시켰지요. 룻은 시어머니의 말을 따라 그녀가 가진 가장 좋은 옷을 입고 보아스의 발치에 누웠어요. 이렇게 룻은 보아스에게 결혼하고 싶다는 뜻을 전했어요. 깜짝 놀란 보아스는 "네가 누구냐?"라고 물었어요. 그러자 룻은 "저는 당신의 여종 룻입니다. 당신은 저를 거둬 주실 분입니다"라고 말했어요. 보아스는 그렇게 하겠다고 약속했어요. 그 말은 나오미가 팔았던 땅을 다시 사 주고 룻과 결혼하겠다는 뜻이었어요. 보아스는 룻에게 곡식을 주고는 집으로 돌려보냈어요.

보아스는 나오미의 땅을 다시 샀고 룻과 결혼했어요. 룻과 보아스는 오벳을 낳았어요. 나오미가 오벳을 돌보았지요. 오벳은 자라서 이새를 낳았어요. 이새는 우리가 정말 좋아하는 다윗 왕의 아버지랍니다.

●●● 가스펠 링크

보아스는 룻과 나오미를 책임져 줄 사람이었어요. 문제가 생겼을 때 도와줄 책임이 있는 가까운 친척이었지요. 보아스는 룻과 나오미를 돌보았어요. 룻과 나오미 모두 남편을 잃었기 때문이에요. 우리에게는 죄의 문제를 해결할 방법이 없어요. 예수님은 우리를 위해 십자가에서 죽으심으로 우리의 죄의 대가를 치르시고 우리를 구원하셨어요.

환영

도착하는 아이들을 반갑게 맞이하고 헌금, 출석, QT 등을 확인하며 격려한다. 새 친구가 있다면 소개한다. 편안한 분위기에서 안부를 물으며 오늘의 말씀과 관련된 화제로 이야기를 나눈다. 다른 도시나 지역으로 이사 간 적이 있는지 물어보고 대화를 나눈다. 자발적으로 대화에 참여하도록 이끈다.

예) "친구들과 헤어져 이사를 가야 한다면 어떤 기분이 들 것 같나요?", "이사 가서 만난 친구들은 그전 친구들과 얼마나 많이 달랐나요?" 등.

▬▬ 오늘의 성경 이야기는 룻이라는 여인에 대한 이야기예요. 룻은 이스라엘 사람이 아니었지만 시어머니 나오미를 따라 이스라엘로 이사를 왔어요. 룻에 대한 이야기를 들어 보아요.

마음 열기

선택의 사다리 ＊

[준비물] 사다리 타기 그림(화이트보드나 PPT)

① 화이트보드나 PPT에 사다리 타기 그림을 그리고 원인과 결과가 될 만한 짝을 위쪽, 아래쪽에 섞어 배열한다. 실제 물건을 준비해 보여 주는것도 좋다.

　예) 위쪽 : 사탕, 게임에 열중한 아이, 누워서 먹기 등.

　　아래쪽 : 치과 치료 장면, 안경 낀 아이, 배 아파하는 장면 등.

② 아이들에게 사다리 위쪽의 이미지 중에서 하나를 선택하게 한다.

③ 이 사다리는 선택한 것을 많이 하게 되면 어떤 결과가 나오는지를 보여 주는 사다리라고 설명해 준다.

④ 차례대로 사다리를 타고 내려오면서 자신이 선택한 결과를 확인하게 한다.

▬▬ 우리는 각자의 선택에 따라서 어떠한 결과가 나오는지를 사다리를 통해 확인했어요. 오늘 만나게 될 성경 인물들 중에 나오미와 룻과 오르바는 매우 중요한 선택을 해야 했어요. 그 결과는 어떻게 되었을까요? 오늘 룻의 이야기를 통해 확인해 보아요.

예수님의 족보를 찾아라! ＊

[준비물] 컵 또는 색인 카드, 사인펜

① 예수님의 족보에 있는 이름(아브라함, 이삭, 야곱, 보아스, 다윗, 솔로몬, 예수님)을 컵에 각각 적어 둔다.

② 아브라함으로부터 시작해 예수님에 이르기까지 7명의 중요한 성경 인물들을 간략하게 소개해 준다.

③ 컵을 잘 섞은 후에 빠르게 순서대로 배열하는 게임을 진행한다.

▬▬ 오늘 우리가 함께 배울 보아스는 룻의 남편이자 다윗과 예수님의 조상이에요. 어떻게 이방 여인이었던 룻이 예수님 가문의 남자와 결혼할 수 있었을까요? 그 은혜로운 이야기를 함께 배워 보아요.

가스펠 설교

 들어가기

[준비물] 패밀리 레스토랑 종업원 복장(단색 셔츠, 정장 바지, 앞치마, 이름표), 공책, 연필, '20% 할인 쿠폰'이라고 적은 카드

패밀리 레스토랑 종업원 복장을 하고 이름표를 단 채 들어온다. 주문을 받기 위한 공책과 연필이 손에 들려 있다. 아이들이 예배실에 들어올 때 '20% 할인 쿠폰'이라고 적은 카드를 한 장씩 나누어 준다.

안녕하세요, 여러분! 저희 레스토랑을 다시 찾아 주셔서 감사해요. 매니저가 좋은 아이디어를 냈어요. 여러분, 저희 레스토랑에 들어올 때 20% 할인 쿠폰을 받으셨지요? 오늘 여러분이 드시는 음식은 무엇이든 20%가 할인됩니다. 계산할 때 그 쿠폰을 내고 할인받는 것을 잊지 마세요! 여러분이 사용하게 될 쿠폰의 대가를 제가 지불하기로 했거든요.

여러분은 '대가'라는 단어의 뜻을 알고 있나요? 아이들이 자신의 용어로 설명하게 한다. 아, 맞아요! 이 쿠폰에는 '20% 할인'이라고 써 있으니까 여러분이 주문한 음식 값의 20%만큼을 제가 대신 치르는 셈이 되는 거예요. 어때요? 저의 서비스가 마음에 드나요? 제 수입이 걱정된다고요? 걱정 마세요. 사장님이 오늘 50% 보너스를 주시기로 했거든요. 오늘 모두 맛있게 드시고 건강하세요.

 연대표

지난 몇 주간 우리는 이스라엘의 사사들에 대해 배웠어요. 여러분 중에서 지난 성경 이야기를 들려줄 수 있는 친구가 있나요? 아이들 중 몇 명을 선택해 성경 이야기를 말해 보게 한다. 아이들의 기억을 돕기 위해 연대표에서 해당되는 성경 이야기를 가리킨다. 잘했어요! 오늘은 나오미와 룻이라는 두 여인에 대해 배울 거예요. 나오미와 룻은 사사 시대에 살던 여인들이에요. 그들은 사사는 아니었고, 도움이 필요한 사람들이었어요. 아주 어려운 처지에 놓여 있었지요. **하나님은 룻과 나오미를 구해 줄 사람을 보내 주셨어요.** 바로 보아스예요.

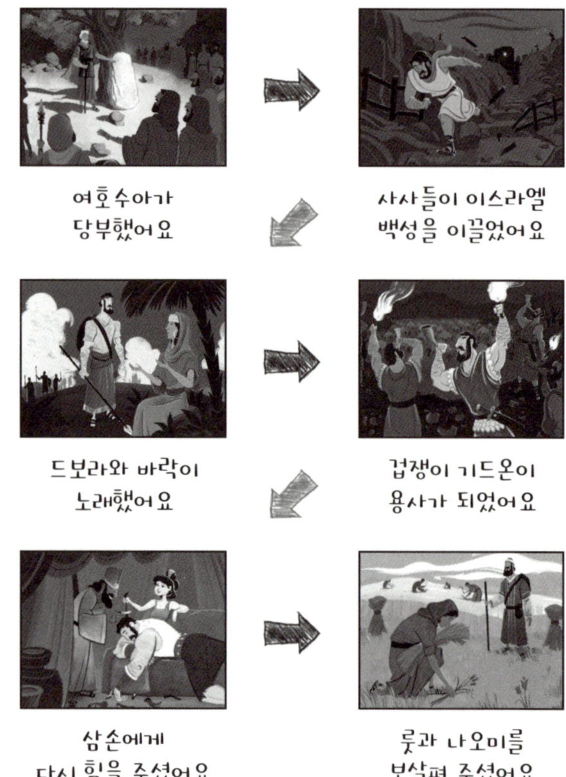

 성경의 초점

이 이야기는 2단원의 '성경의 초점' 질문과 답을 생각나게 하네요. 2단원의 '성경의 초점'을 함께 외울 수 있는 재미있는 방법이 생각났어요. 제가 한 사람을 가리키면 그 친구가 일어나서 '성경의 초점' 첫 단어를 말하는 거예요. 그리고 나서 그 친구가 가리킨 다른 친구가 일어나서 두 번째 단어를 말하는 거예요. '성경의 초점' 질문과 답이 끝날 때까지 계속하면 돼요. 단어를 말하고 나서 앉지 않고 계속 서 있다가 끝나면 다 함께 자리에 앉을 거예요! 아이들과 함께 활동하며 '성경의 초점' 질문과 답을 외우는 시간을 갖는다.

 성경 이야기

룻기 1~4장을 펴고, 설교 영상(지도자용 팩)을 보여 주거나 이야기 성경을 들려준다.

우와! 정말 굉장한 사랑 이야기예요. 이야기 첫 부분에서 나오미는 남편을 잃었고, 아들들까지 잃었어요. 그녀는 베들

레헴으로 돌아가려고 했어요. 하지만 그녀의 며느리들에게 살 집이나 양식을 줄 수 없다는 사실을 알았지요. 그래서 며느리들에게 고향으로 돌아가서 재혼한 다음 자녀를 낳아 살라고 권했어요. 하지만 모압에서 온 룻은 나오미를 떠나기를 원하지 않았어요. 룻은 나오미가 가는 곳은 어디든지 갈 것이라고 말했고, 심지어 나오미가 믿는 진짜 하나님을 섬기기 위해 자기 백성이 섬기는 이방 신을 포기했어요. 모압 사람들과 이스라엘 백성은 친구 사이가 아니었지만, 룻은 기꺼이 자기 백성을 떠나 나오미와 함께 이스라엘로 향했어요.

복 / 습 / 질 / 문

1 나오미가 자기 가족에게로 돌아가라고 하자 룻은 무엇이라고 대답했나요?

"어머니께서 가시는 곳에 나도 가고 어머니께서 머무시는 곳에서 나도 머물겠나이다 어머니의 백성이 나의 백성이 되고 어머니의 하나님이 나의 하나님이 되시리니" (룻 1:16)

2 나오미와 룻은 모압을 떠나 어디로 갔나요?

베들레헴 (룻 1:19)

3 하나님은 룻을 누구의 밭으로 인도하셨나요?

보아스 (룻 2:3)

4 하나님은 보아스를 어떻게 사용하셨나요?

하나님은 룻에게 보아스라는 구원자를 보내 주셨다 (룻 4:9-10)

5 보아스와 룻의 증손자는 누구인가요?

다윗 (룻 4:22)

6 하나님은 어떻게 하나님의 계획을 이루시나요?

하나님은 사람들을 통해 하나님의 계획을 이루세요. 하나님의 계획은 하나님의 영광을 드러내고 사람들에게는 유익해요.

하나님은 룻과 나오미를 구해 줄 사람을 보내 주셨어요. 그는 바로 보아스예요. 보아스는 룻과 나오미를 책임져 줄 사람이었어요. 문제가 생겼을 때 도와줄 책임이 있는 가까운 친척이었지요. 보아스는 룻과 나오미를 돌보았어요. 룻과 나오미 모두 남편을 잃었기 때문이에요. 우리에게는 죄의 문제를 해결할 방법이 없어요. 예수님은 우리를 위해 십자가에서 죽으심으로 우리의 죄의 대가를 치르시고 우리를 구원하셨어요.

 **복음 초청**

성경과 37쪽 복음 초청 가이드를 이용해서 아이들에게 그리스도인이 되는 법을 설명해 준다. 따로 상담해 줄 사람을 정해 주고 궁금한 점이 있으면 물어보도록 격려한다.

이 시간 예수님을 마음에 모시고 싶은 친구는 함께 기도해요.

 **기도**

사랑하는 하나님, 우리와 항상 함께하시고 우리가 구할 때 우리를 도와주셔서 감사드려요. 그리고 독생자 예수님을 보내 우리를 죄에서 구원해 주셔서 감사해요. 우리가 친구들에게 예수님의 이 놀라운 사랑을 전할 수 있게 도와주세요! 예수님의 이름으로 기도합니다. 아멘.

 **적용**

TIP 설교 도입이나 적용으로 활용하거나 영상을 본 뒤 소그룹에서 풍성한 대화를 이어 갈 수 있습니다.

누군가가 여러분이 구하지 못했던 무엇인가를 얻을 수 있도록 도와준 적이 있었나요? 다음 영상을 함께 보아요.

적용 예화 영상(지도자용 팩)을 보여 준다.

구하던 것을 얻으면 기분이 어떠할까요? 다른 사람이 신경 쓰고 배려해 주면 기분이 더 좋을까요? 나오미와 룻은 남편이 없었기 때문에 살아가기가 힘들었어요. 그들은 자신들을 보호하고 돌보아 줄 남편이나 아들이 필요했지요. 보아스는 룻을 아내로 맞이하고 나오미의 옛 땅을 다시 사서 돌려주었어요. 아이들이 당시 여인들에게는 보호하고 돌보아 줄 존재가 필요했다는 시대적 배경을 이해하도록 도와준다. 아이들에게 그들을 보호하고 돌보아 주는 사람들이 누구인지 나누어 보게 한다.

하나님은 어떻게 하나님의 계획을 이루시나요? 하나님은 사람들을 통해 하나님의 계획을 이루세요. 하나님의 계획은 하나님의 영광을 드러내고 사람들에게는 유익해요. 그리고 기억하세요! 예수님은 우리를 영원히 돌보아 주시고 우리의 필요를 채워 주시는 분이에요. 우리가 예수님을 믿으면 예수님은 우리를 구원해 주세요. 우리는 죽음을 이기고 하나님과 함께 영원히 살 수 있어요!

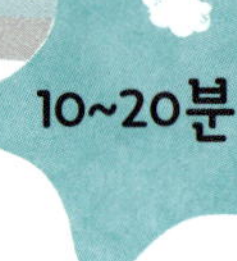

가스펠 소그룹 10~20분

 ## 나침반

너의 목소리가 들려!

[준비물] 학생용 교재 60쪽

① 2단원의 '성경의 초점'을 함께 외우며 하나님은 사람들을 통해 하나님의 계획을 이루시는 분임을 떠올리게 한다. 나오미와 룻과 보아스가 하나님이 사용하신 사람들임을 설명해 준다.

② 나오미(나이 든 여인의 목소리)와 룻(젊은 여인의 목소리)과 보아스(남자 목소리)의 목소리를 차례로 흉내 내면서 이사야 33장 22절 말씀을 읽어 보게 한다.

③ 캐릭터별 목소리로 암송 경연 대회를 개최해 본다.

> **하나님은 어떻게 하나님의 계획을 이루시나요? 하나님은 사람들을 통해 하나님의 계획을 이루세요. 하나님의 계획은 하나님의 영광을 드러내고 사람들에게는 유익해요.** 오늘의 성경 이야기에 등장하는 나오미와 룻과 보아스처럼 하나님께 쓰임 받는 지혜롭고 순종하는 친구들이 되기를 축복해요.

도와줘요! 힌트 카드! *

[준비물] 암송 구절을 적은 색인 카드

① 색인 카드에 암송 구절을 적고 뒷면에는 '힌트 카드'라고 적는다.

② 카드를 뒤집어 놓고 아이들이 차례대로 나와서 2단원 암송을 외워 보게 한다.

③ 힌트 카드는 한 번씩만 사용할 수 있다고 설명하고 말씀 암송을 하다가 도움이 필요할 경우 카드를 살짝 뒤집어 볼 수 있게 한다. 만약 힌트 카드를 사용하지 않았다면 친구에게 양보해 카드를 한 번 더 볼 기회를 주게 한다.

> **여러분은 암송 구절을 외울 때 도움을 얻기 위해 '힌트 카드'를 사용했나요? 오늘의 성경 이야기에서 하나님은 룻과 나오미를 구해 줄 사람을 보내 주셨어요.** 그는 바로 보아스예요. 하나님은 아들이신 예수님을 보내 십자가에 달려 죽으시고 부활하게 하셔서 우리를 죄와 죽음에서 구원하셨어요. 예수님을 믿으면 하나님은 우리 죄를 용서해 주시고 영원한 삶을 선물해 주세요.

 ## 보물 지도

룻과 나오미 *

[준비물] 흰색 전지, 사인펜이나 연필

① 흰색 전지를 예배실 벽에 붙인 후 두 개의 원이 반 정도 겹치도록 그린다.

② 한 개의 원에는 '룻', 다른 원에는 '나오미'라고 제목을 붙인다.

③ 아이들에게 오늘의 성경 이야기에서 들은 룻과 나오미에 대해 기억나는 것들을 말해 보게 한다. 또한 룻과 나오미가 어떤 면에서 다른지, 어떤 면에서 비슷한지 이야기를 나누어 본다.

④ 아이들이 한 말이 룻에게만 해당될 경우, 그 내용의 핵심 단어를 '룻'의 원에 쓴다. 나오미에게만 해당될 경우, 그 핵심 단어를 '나오미'의 원에 쓴다. 둘 다에게 해당될 경우, 그 핵심 단어를 두 개의 원이 겹치는 부분에 쓴다.

⑤ 아이들이 자세한 내용을 기억하기 어려워한다면 다음 문장을 읽어 주고, 그 문장이 누구에게 해당되는지 물어보는 식으로 진행한다.

예) · 나오미 : 베들레헴 출신이다. 두 아들이 있다. 보아스의 친척이다.

　　· 룻 : 모압 출신이다. 보아스와 결혼했다. 오벳을 낳았다.

　　· 둘 다 : 남편이 죽었다. 베들레헴으로 돌아갔다. 보아스의 돌봄을 받았다.

> **하나님은 어떻게 하나님의 계획을 이루시나요? 하나님은 사람들을 통해 하나님의 계획을 이루세요. 하나님의 계획은 하나님의 영광을 드러내고 사람들에게는 유익해요.**

 ## 탐험하기

이건 얼마?

[준비물] 학생용 교재 61쪽, 79쪽 가짜 돈, 가위, 연필이나 색연필

① 79쪽의 가짜 돈을 오리고, 물건들을 얼마에 살지 계획해 보게 한다.

② 둘씩 짝을 지어 "곰 인형은 얼마? 하나, 둘, 셋!"을 외치며 동시에 물건 값에 해당하는 돈을 내게 한다.

TIP 사용한 돈은 따로 모아 다시 쓸 수 없게 한다.

③ 더 많은 금액을 낸 사람의 가격을 물건에 적게 한다.

④ 만약 십자가에 달리신 예수님의 사랑에 가격을 매긴다면 얼마일지 물어보고 의견을 나누게 한다.

▬▬▬ "세상에 공짜는 없다"라는 말을 들어 본 적이 있나요? 이 말은 모든 것에는 대가가 따른다는 뜻이에요. 여러분이 아니더라도 누군가는 대가를 지불해야만 해요. 보아스는 룻이라는 여인을 위해 대가를 지불했어요. 어떤 대가를 지불했나요? 그것은 룻이 살아갈 수 있도록 생계를 책임져 주는 것이었어요. 마찬가지로 예수님은 십자가에서 우리를 구원하시기 위해 대가를 치르셨어요. 어떤 대가인가요? 십자가의 죽음으로 우리를 구원하신 거예요. 값으로 매길 수 없을 만큼 큰 사랑이지요. 우리를 구원하신 예수님께 감사드려요.

네가 어디를 가든지 나도 갈게! *

[준비물] 컬러 박스 테이프

① 아이들을 두 팀으로 나눈 뒤 2인 1조로 릴레이 경기를 한다. 컬러 박스 테이프를 이용해 출발선과 반환점을 그려 놓는다.

② 등을 맞댄 상태에서 팔짱을 껴서 게 모양으로 만든다.

③ 뒤를 보고 있는 친구에게 짝을 향해 "네가 어디를 가든지 나도 갈게!"라고 말하게 한다.

④ 정해진 반환점을 돌아 출발선에 돌아올 때까지 서로 붙어 있어야 하고, 빠른 시간에 돌아오는 팀이 이긴다.

▬▬▬ 룻은 나오미에게 이렇게 말했어요. "어머니께서 가시는 곳에 나도 가고 어머니께서 머무시는 곳에서 나도 머물겠나이다 어머니의 백성이 나의 백성이 되고 어머니의 하나님이 나의 하나님이 되시리니"(룻 1:16). 룻은 이스라엘 백성이 아니었지만 하나님은 나오미를 돌보기 위해 룻을 사용하셨어요. 여러분도 하나님의 말씀에 순종하는 어린이가 되세요.

이삭 줍기 저금통 *

[준비물] 저금통

① 아이들에게 저금통을 하나씩 나누어 준다.

② 일정한 기간 동안 동전을 모아서 가져오면 가난한 이웃이나 선교를 위해 사용하겠다고 말해 준다.

▬▬▬ 성경 시대에는 밭에 떨어진 곡식이나 일꾼들이 가져가지 않은 수확물은 과부와 고아를 위해 남겨 두었어요. 레위기 19장 9~10절에서 하나님은 남은 이삭을 가난한 자와 외국인이 먹도록 남겨 두라고 말씀하셨어요. 우리도 우리의 동전을 모아서 가난한 이웃이나 선교를 위해 사용해요.

TIP 긴급 구호 단체나 자선 단체에 가입할 수 있는 방법을 안내하면 좋다.

예) www.onebody.org, 한몸사역 팀(해외 고아에게 성경 보내기 프로젝트)

 보물 상자

나만의 기록장

[준비물] 학생용 교재 62쪽, 연필이나 색연필

① 오늘의 성경 이야기에서 나오미와 룻의 처음과 나중이 어떻게 달라졌는지 이야기를 나누어 본 뒤 그림으로 표현해 보게 한다.

② 왼쪽에는 처음의 나오미와 룻을, 오른쪽에는 나중의 나오미와 룻을 그리라고 한다. 하나님의 섭리와 예수님을 보내셔서 우리를 구원하신 하나님의 계획에 관해 이야기한다.

▬▬▬ 하나님은 어떻게 하나님의 계획을 이루시나요? 하나님은 사람들을 통해 하나님의 계획을 이루세요. 하나님의 계획은 하나님의 영광을 드러내고 사람들에게는 유익해요. 룻은 이스라엘 백성이 아니었지만 하나님을 믿었어요. 하나님은 룻을 통해 나오미를 돌보시고 룻의 후손, 즉 다윗의 가문에서 예수님이 태어나게 하셨어요.

메시지 카드

이번 주 메시지 카드로 부모님과 함께 오늘 배운 성경 이야기를 나누어 보라고 한다.

기도

사랑의 하나님, 언제나 우리를 돌보아 주시고 구원해 주심을 감사드립니다. 시어머니를 공경하고 따랐던 룻처럼 우리도 부모님을 공경하게 해 주시고 하나님의 영광을 위해 사용해 주세요. 예수님의 이름으로 기도합니다. 아멘.

11

하나님이 사무엘에게 말씀하셨어요

삼상 1~3장

한나는 사사 시대의 평범한 이스라엘 여인이었습니다. 한나는 아이를 갖기를 간절히 원했지만 하나님은 한나가 임신하지 못하게 하셨습니다(삼상 1:5). 한나는 매년 남편과 함께 실로로 가서 하나님께 예배하며 제사를 드렸습니다.

어느 날 한나는 다시 주님 앞에 나아갔습니다. 그리고 기도하고 통곡하며 만일 하나님이 아들을 주시면 그 아들을 하나님께 드리겠다고 서원했습니다. 한나가 너무 강렬하게 울면서 기도하므로 엘리 제사장은 그녀가 술에 취한 줄로 생각하고 꾸짖었습니다. 그러자 한나는 "나는 마음이 슬픈 여자라 포도주나 독주를 마신 것이 아니요 여호와 앞에 내 심정을 통한 것뿐이오니"(삼상 1:15)라고 설명했습니다. 엘리는 한나를 축복했습니다. "하나님이 네가 기도하여 구한 것을 허락하시기를 원하노라"(삼상 1:17).

하나님은 한나의 기도에 응답하셨습니다. 한나는 아들을 낳았고, 이름을 사무엘이라고 지었습니다. 사무엘은 '내가 여호와께 그를 구했다'라는 뜻입니다.

사무엘이 젖을 떼자 한나는 아이를 실로에 있는 엘리 제사장에게 데려갔습니다. 사무엘상 2장은 한나의 승리의 기도를 기록한 것입니다. 한나는 하나님께 영광을 돌리고 사무엘을 엘리 제사장에게 맡겨 그의 밑에서 하나님을 섬기게 했습니다. 사무엘은 신실하게 하나님을 섬겼습니다. 한나는 매년 사무엘을 만나러 갈 때마다 작은 겉옷을 지어다 주었습니다.

엘리에게는 제사장인 두 아들들이 있었습니다. 엘리는 그들을 제대로 다스리지 못했습니다. 그들은 행실이 악했고 하나님을 경외하지 않았습니다. 엘리는 아들들을 꾸짖었지만 그들은 듣지 않았습니다. 그래서 하나님은 엘리의 가문을 버리셨습니다.

사무엘상 3장에서 사무엘은 하나님의 부르심에 응답했습니다. "말씀하옵소서 주의 종이 듣겠나이다"(삼상 3:10). 사무엘은 이스라엘 백성에게 하나님의 말씀을 전하는 선지자가 되었습니다. 사무엘은 하나님의 선지자이자 이스라엘의 마지막 사사였습니다.

주제

하나님은 사무엘을 부르셔서
하나님의 계획을 알려 주셨어요.

가스펠 링크

사무엘은 하나님의 말씀을 전해
사람들에게 하나님을 보여 주었어요.
말씀이신 예수님은 자신을 통해
하나님이 어떤 분이신지 보여 주시고
우리를 죄에서 영원히 자유롭게 하셨어요.

● ● 티칭 포인트

아이들이 하나님의 말씀을 전하는 메신저로서의 사무엘의 역할을 이해하게 도와주십시오. 또한 사무엘을 예수님과 연결시키도록 해 주십시오. 예수님은 이 땅에 오셔서 하나님이 어떤 분이신지 전해 주시고 몸소 보여 주셨습니다.

하나님이 사무엘에게 말씀하셨어요 삼상 1~3장

엘가나의 아내 한나는 아기를 낳지 못해 너무 슬펐어요. 매년 한나는 남편 엘가나와 함께 여호와의 집에 올라가 하나님께 예배하며 제사를 드렸어요. 한나는 울면서 하나님께 기도했어요. "하나님, 만일 제 고통을 돌보시고 저를 기억하셔서 제게 아들을 주신다면 그의 평생을 여호와께 드리겠습니다."

한나가 입술만 움직이고 목소리는 들리지 않게 기도하고 있었기 때문에 엘리 제사장은 한나가 술에 취했다고 생각했어요. 그래서 한나에게 술을 끊으라고 말했지요. 한나는 "저는 마음이 슬픈 여자입니다. 술을 마신 것이 아니라 여호와께 제 마음을 솔직히 말씀드렸을 뿐입니다"라고 대답했어요. 그러자 엘리 제사장은 "평안히 가라. 하나님이 네 기도에 응답해 주시기를 원하노라"라고 축복했어요.

한나와 엘가나는 집으로 돌아왔고, 하나님은 한나의 기도에 응답하셨어요. 한나가 아들을 낳은 거예요! 한나는 아이의 이름을 사무엘이라고 지었어요. 한나는 어린 사무엘이 젖을 떼자 엘리 제사장에게로 데려갔어요. "하나님이 기도에 응답하셨으니 저도 이 아이를 여호와께 드립니다. 그의 평생을 여호와께 드리겠습니다." 사무엘은 여호와의 집에서 엘리 제사장과 함께 하나님을 섬겼어요. 매년 한나는 사무엘을 만나러 갈 때마다 새 겉옷을 지어다 주었고, 하나님은 한나에게 더 많은 자녀를 허락하셨답니다.

엘리 제사장은 나이가 많이 들었어요. 그에게는 제사장으로 섬기는 두 아들이 있었는데 하나님 앞에 죄를 짓고 있었어요. 엘리 제사장이 아들들을 꾸짖었지만 듣지 않았지요. 한편 사무엘은 점점 자라면서 하나님과 사람들에게 더욱 사랑을 받았어요.

어느 날 밤, 여호와의 전 안에 누워 있던 사무엘은 누군가 자신을 부르는 소리를 들었어요. 사무엘은 엘리 제사장이 부르는 줄 알고는 엘리에게 달려가 물었어요. "저를 부르셨어요?" 하나님은 사무엘을 세 번 부르셨고, 그때마다 사무엘은 엘리 제사장에게로 달려갔지요. 마침내 엘리 제사장은 하나님이 사무엘을 부르신 것이라는 사실을 깨달았어요. 그는 사무엘에게 어떻게 대답해야 하는지 가르쳐 주었어요.

사무엘이 다시 눕자 하나님이 부르셨어요. "사무엘아, 사무엘아!" 이번에 사무엘은 "말씀하옵소서. 주의 종이 듣겠나이다"라고 대답했어요. 하나님은 사무엘에게 엘리 제사장의 가족의 죄로 인해 그들을 심판할 것이라고 말씀하셨어요. 다음 날 엘리 제사장은 사무엘에게 하나님의 말씀을 그대로 전해 달라고 했어요. 사무엘은 그렇게 했어요.

사무엘이 자라는 동안 하나님이 그와 함께하셨어요. 이스라엘 백성은 누구나 사무엘이 하나님의 말씀을 전하는 선지자라는 것을 알게 되었지요. 하나님은 사무엘을 통해 이스라엘에 대한 하나님의 계획을 알려 주셨어요.

●●● 가스펠 링크

사무엘은 하나님의 말씀을 전해 사람들에게 하나님이 어떤 분이신지, 어떤 계획을 갖고 계신지를 알려 주었어요. 요한복음 1장 1절에는 예수님이 말씀이시라고 기록되어 있어요. 예수님은 자신을 통해 하나님이 어떤 분이신지 보여 주셨고 죄에서 돌이키라고 말씀하셨어요. 또한 예수님은 궁극적으로 십자가에서 죽으시고 부활하셔서 사람들을 죄에서 영원히 자유롭게 하셨어요.

가스펠 준비 10~20분

환영

도착하는 아이들을 반갑게 맞이하고 헌금, 출석, QT 등을 확인하며 격려한다. 새 친구가 있다면 소개한다. 편안한 분위기에서 안부를 물으며 오늘의 말씀과 관련된 화제로 이야기를 나눈다. 아이들에게 일을 해 본 적이 있는지 물어본다. 자발적으로 대화에 참여하도록 이끈다.

예) "어떤 일을 해 보았나요? 분리수거, 강아지 산책 시키기, 물고기 밥 주기, 화분에 물 주기 등을 해 보았나요?", "그 일을 하면서 즐거웠나요?" 등.

오늘의 성경 이야기는 하나님이 특별한 일을 시키셨던 한 사람에 관한 이야기예요. 어떤 이야기일까요?

마음 열기

내가 누구게? *

[준비물] 의자

① 예배실 앞쪽에 정면을 향해 의자를 놓아 둔다.

② 술래를 뽑아 의자에 앉힌다. 아이들로부터 등을 돌리고 앉은 모습이 된다.

③ 인도자가 아이들 중 한 명을 가리키면 그 아이가 술래의 이름을 부르는데, 입을 가리거나 목소리를 변조해서 누구인지 최대한 알아차리지 못하게 해야 한다고 말해 준다.

④ 술래는 자기의 이름을 부른 사람을 맞힐 수 있는 기회를 3회 갖는다.

⑤ 맞혔으면 이름을 부른 아이가 다음 술래가 되고, 틀렸다면 다시 게임을 진행한다.

⑥ 시간 여유가 되는 대로 게임을 반복한다. 모든 아이가 의자에 앉거나 이름을 부를 수 있도록 기회를 준다.

오늘 성경 이야기에서 사무엘은 누군가가 자신을 부르는 소리를 들었어요. 그는 엘리 제사장이 자신을 불렀다고 생각했지만 그 목소리는 엘리 제사장의 것이 아니었어요. 누가 사무엘을 불렀을까요?

속삭속삭 메시지 *

① 아이들을 둥글게 앉힌다.

② 인도자가 오른쪽에 앉은 아이의 귀에 대고 11과의 주제, 2단원의 '성경의 초점', 또는 다른 문장을 속삭인다.

③ 메시지를 받은 아이는 다시 오른쪽에 앉은 친구에게 속삭이고, 한 바퀴를 돌아 마지막 아이에게 올 때까지 계속한다.

④ 마지막 아이를 일으켜 세운 뒤 "메시지를 들려주세요"라고 말하고, 메시지가 맞게 전달되었다면 아이들과 함께 축하한다.

⑤ 메시지가 잘못되었다면 "다시 들어 보세요"라고 말하고 같은 메시지를 첫 번째 아이의 귀에 다시 속삭인다.

오늘의 성경 이야기에서 누군가가 사무엘에게 매우 중요한 메시지를 전해 주었어요. 엘리 제사장에 관한 것이었지요. 오늘의 성경 이야기를 좀 더 들어 보아요.

가스펠 설교

 들어가기

[준비물] 패밀리 레스토랑 종업원 복장(단색 셔츠, 정장 바지, 앞치마, 이름표), 공책, 연필, '20% 할인 쿠폰'이라고 적은 카드

패밀리 레스토랑 종업원 복장을 하고 이름표를 단 채 들어온다. 주문을 받기 위한 공책과 연필이 손에 들려 있다.

안녕하세요, 여러분! 다시 만나게 되어 반가워요. 저희 레스토랑 매니저가 아침에 말해 준 것인데요, 직원 중에 한 명이 '이달의 직원'에 뽑히게 돼요. '이달의 직원'은 손님들을 열심히 도와주거나, 주문을 잘 받거나, 팀 정신이 강한 사람이 받게 돼요. 손님들이 만족도 카드를 쓰면 매니저가 그 내용을 보고 누가 '이달의 직원'이 될지 정하는 거예요. 그래서 이번 한 주 동안은 손님들에게 정말 최선을 다해야 할 것 같아요!

'이달의 직원' 뽑기는 오늘의 성경 이야기를 생각나게 해요. 오늘의 성경 이야기에서 엘리 제사장은 하나님을 사랑하는 사람이었어요. 그런데 엘리 제사장의 아들들은 하나님을 사랑하거나 섬기지 않았지요. 그들은 이스라엘 백성을 속이고 많은 죄를 지었어요. 아마도 사람들로부터 좋은 평가를 받거나 만족도 카드에서 높은 점수를 얻지 못했을 거예요!

연대표

겁쟁이 기드온이
용사가 되었어요

룻과 나오미를
보살펴 주셨어요

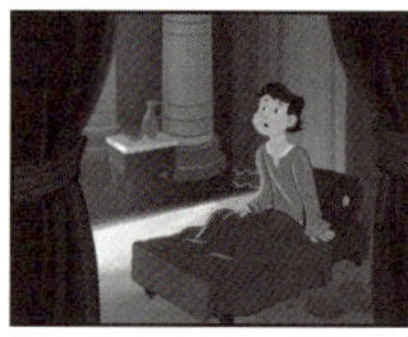

삼손에게
다시 힘을 주셨어요

하나님이 사무엘에게
말씀하셨어요

오늘의 성경 이야기는 "하나님이 사무엘에게 말씀하셨어요"예요. 연대표에서 오늘의 성경 이야기를 가리킨다. 오늘의 성경 이야기는 사무엘상 1~3장에 나오지만 계속해서 사사의 이야기를 전해 주고 있어요. 사무엘이 구약 시대의 마지막 사사이기 때문이에요.

사무엘이 사사였을 때 이스라엘 백성은 다른 나라들처럼 그들을 다스릴 왕을 세워 달라고 요구했어요. 하나님이 그들의 왕이셨지만, 그들은 하나님 대신 인간 왕을 요구했어요. 이 이야기는 나중에 듣게 될 거예요. 오늘 우리는 하나님이 사무엘을 부르시고, 하나님의 계획을 알려 주신 일에 대해 배울 거예요.

 성경의 초점

오늘의 성경 이야기를 듣기 전에 2단원의 '성경의 초점'을 함께 말해 볼까요? **하나님은 어떻게 하나님의 계획을 이루시나요? 하나님은 사람들을 통해 하나님의 계획을 이루세요. 하나님의 계획은 하나님의 영광을 드러내고 사람들에게는 유익해요.** 오늘의 성경 이야기에서 하나님은 사무엘을 통해 이스라엘 백성에게 하나님의 메시지를 전하셨어요.

 성경 이야기

사무엘상 1~3장을 펴고, 설교 영상(지도자용 팩)을 보여 주거나 이야기 성경을 들려준다.

한나는 정말 아이를 갖고 싶어 했어요. 놀랍게도 한나는 하나님이 자신에게 아들을 주시면 하나님께 바치겠다고 서원했어요. 하나님은 한나의 기도에 응답하셔서 아들을 주셨어요. 한나는 그 아이의 이름을 사무엘이라고 지었고, 약속대로 사무엘을 하나님께 바쳤어요. 한나는 사무엘을 여호와의 집으로 데리고 가서 엘리의 돌봄을 받게 했어요.

하나님의 음성을 듣는 것이 사무엘에게 얼마나 흥분되는 일일지 상상이 가나요? 처음에 사무엘은 엘리 제사장이 자기를 부르는 줄 알았어요. 이 성경 이야기의 배경은 사사 시대인데 그 당시에는 하나님의 메시지를 듣는 선지자들이 드물었어요(삼상 3:1). 비록 사무엘이 어리기는 했지만 하나님은 그

를 부르시고 하나님의 계획을 알려 주셨답니다.

복 / 습 / 질 / 문

1 한나가 아들을 얻기 위해 여호와의 집에서 기도할 때 그곳에 있던 제사장은 누구인가요?

엘리 (삼상 1:9)

2 한나는 아들을 낳으면 얼마 동안이나 하나님께 드리겠다고 서원했나요?

평생 (삼상 1:11, 28)

3 한나는 사무엘에게 매년 무엇을 가지고 왔나요?

작은 겉옷 (삼상 2:19)

4 사무엘이 엘리에게 전한 메시지는 무엇인가요?

하나님이 엘리 가문의 죄악으로 인해 그들을 심판하실 것이다 (삼상 3:13)

5 하나님은 어떻게 하나님의 계획을 이루시나요?

하나님은 사람들을 통해 하나님의 계획을 이루세요. 하나님의 계획은 하나님의 영광을 드러내고 사람들에게는 유익해요.

사무엘은 하나님의 말씀을 전해 사람들에게 하나님이 어떤 분이신지, 어떤 계획을 갖고 계신지를 알려 주었어요. 요한복음 1장 1절에는 예수님이 말씀이시라고 기록되어 있어요. 예수님은 자신을 통해 하나님이 어떤 분이신지 보여 주셨고 죄에서 돌이키라고 말씀하셨어요. 또한 예수님은 궁극적으로 십자가에서 죽으시고 부활하셔서 사람들을 죄에서 영원히 자유롭게 하셨어요.

 **찬양**

다스리소서(69쪽)

 ※지도자용 팩 또는 가스펠 프로젝트 홈페이지(gospelproject.co.kr)에서 이용하세요.

 **복음 초청**

성경과 37쪽 복음 초청 가이드를 이용해서 아이들에게 그리스도인이 되는 법을 설명해 준다. 따로 상담해 줄 사람을 정해 주고 궁금한 점이 있으면 물어보도록 격려한다.

이 시간 예수님을 마음에 모시고 싶은 친구는 함께 기도해요.

 **기도**

사랑하는 하나님, 사무엘을 부르셔서 하나님이 어떤 분이신지, 어떤 계획을 갖고 계신지를 알려 주셔서 감사합니다. 그리고 예수님을 보내 주셔서 하나님이 어떤 분이신지 우리에게 알려 주셔서 감사합니다. 하나님은 독생자 예수님을 보내 십자가에서 죽으시고 부활하게 하셨습니다. 우리가 다른 사람들에게 독생자 예수님을 보내 우리를 구원해 주신 하나님의 계획을 전하게 해 주세요. 예수님의 이름으로 기도합니다. 아멘.

 **적용**

TIP 설교 도입이나 적용으로 활용하거나 영상을 본 뒤 소그룹에서 풍성한 대화를 이어 갈 수 있습니다.

여러분은 다른 사람들의 이야기를 잘 듣는 편인가요? 다음 영상을 함께 보아요.

적용 예화 영상(지도자용 팩)을 보여 준다.

에밀리아노는 왜 더 맛있는 간식을 먹지 못했나요? 듣지 못했기 때문인가요? 아니면 집중하지 않아서인가요?

우리가 다른 사람들의 이야기를 들을 때 우리의 관심을 흩어지게 하는 것들에는 무엇이 있을까요? 아이들의 대답을 기다린다. 다른 곳에 신경 쓰느라 누군가의 이야기를 듣지 못한 경우가 있나요? 아이들에게 다른 사람이 말할 때는 텔레비전이나 음악 소리를 줄이거나 끄고, 게임을 잠시 멈추는 것이 잘 듣는 데 도움이 된다고 말해 준다. 부모님이나 선생님, 다른 사람들의 말을 듣는 것이 어려울 때가 있는 것처럼, 집중이 흩어지거나 다른 곳에 신경이 쓰여 하나님의 말씀을 듣기 어려운 때도 있어요. 하나님의 말씀을 더 잘 배울 수 있는 방법은 무엇일까요? 아이들의 대답을 기다린다. 아이들에게 성경 읽기, 조용한 곳에서 기도하기, 일기 쓰기 등의 방법을 알려 준다.

가스펠 소그룹

 ## 나침반

[준비물] 학생용 교재 66쪽, 사인펜, 포스트잇

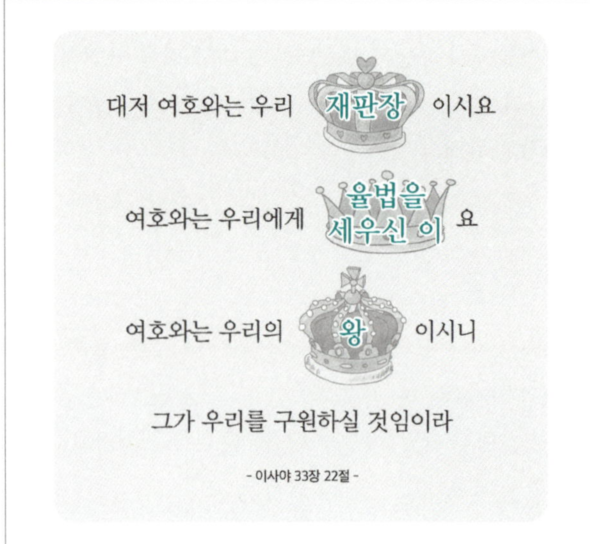

① 세 개의 왕관 그림에 알맞은 단어를 찾아 이사야 33장 22절 말씀을 완성하게 한다.

② 아이들을 3팀으로 나누고, '재판장', '율법을 세우신 이', '왕'을 각각 적은 포스트잇을 나누어 주면서 팀별 암송 구절을 배정해 준다. 포스트잇을 적절한 곳에 잘 보이게 붙이도록 한다(대표 아이의 이마, 손등, 책상 등).

③ 인도자가 순서대로 한 팀씩 가리키면 해당되는 팀의 아이들은 자신들이 맡은 부분을 암송해야 한다고 말해 준다. 그 외의 암송 부분은 인도자가 읽는다.

④ 암송을 마치면 모두 손을 들고 다음 구절 "그가 우리를 구원하실 것임이라!" 하고 외치게 한다.

하나님은 사무엘을 부르셔서 하나님의 계획을 알려 주셨어요. 사무엘은 하나님의 말씀을 전해 사람들에게 하나님이 어떤 분이신지, 어떤 계획을 갖고 계신지를 알려 주었어요. 성경은 사무엘이 사람들에게 하나님에 대해 한 모든 말이 그대로 이루어졌다고 말해요(삼상 3:19). 하나님은 재판장이시고, 율법을 주시는 이시며, 우리의 왕이세요. 그분의 말씀은 진리예요!

 ## 보물 지도

[준비물] 성경, 풍선이나 공(팀당 3개씩)

① 아이들을 여러 팀으로 나누고 팀별로 풍선을 3개씩 나누어 준다.

② 인도자가 가위바위보로 이긴 팀에게 질문하면 그 팀원들에게만 맞힐 수 있는 기회가 주어진다. 정답을 맞히면 다른 팀의 풍선을 하나 가져올 수 있다고 말해 준다.

③ 풍선이 다 떨어진 팀은 탈락한다. 단, 팀원 중 한 명이 11과의 주제나 2단원 암송 구절을 외우는 데 성공하면 풍선 하나를 가져올 수 있다고 알려 준다.

1 아기를 갖지 못했던 엘가나의 아내의 이름은 무엇인가요?

한나 (삼상 1:2)

2 엘가나가 매년 갔던 곳은 어디인가요?

여호와의 전 (삼상 1:3, 9)

3 엘리의 직업은 무엇인가요?

제사장 (삼상 1:3)

4 한나가 기도로 낳은 아들의 이름은 무엇인가요?

사무엘 (삼상 1:20)

5 한나가 사무엘을 데리고 간 곳은 어디인가요?

여호와의 집 (삼상 1:24~27)

6 한나는 사무엘을 얼마나 자주 찾아갔나요?

매년 (삼상 2:19)

7 한나가 사무엘에게 매년 지어다 준 것은 무엇인가요?

작은 겉옷 (삼상 2:19)

8 여호와의 전에 다른 제사장들은 누가 있었나요?

엘리의 아들들 (삼상 2:12~13)

9 하나님은 왜 엘리의 아들들에게 화를 내셨나요?

그들이 하나님께 죄를 지었기 때문이다 (삼상 2:17)

10 엘리는 하나님이 사무엘을 부르시면 어떻게 대답하라고 말했나요?

"여호와여 말씀하옵소서 주의 종이 듣겠나이다" (삼상 3:9)

11 하나님은 어떻게 하나님의 계획을 이루시나요?

하나님은 사람들을 통해 하나님의 계획을 이루세요. 하나님의 계획은 하나님의 영광을 드러내고 사람들에게는 유익해요.

하나님은 사무엘을 부르셔서 하나님의 계획을 알려 주셨어요. 사무엘은 하나님의 말씀을 전해 사람들에게 하나님이 어떤 분이신지, 어떤 계획을 갖고 계신지를 알려 주었어요. 하나님은 사무엘에게 말씀하시고, 사무엘이 그 말씀을 전하게 하심으로 하나님의 계획을 이루셨어요. 요한복음 1장 1절에는 예수님이 말씀이시라고 기록되어 있어요. 예수님은 자신을 통해 하나님이 어떤 분이신지 보여 주셨고 죄에서 돌이키라고 말씀하셨어요. 또한 예수님은 십자가에서 죽으시고 부활하셔서 사람들을 죄에서 영원히 자유롭게 하셨어요.

🌏 탐험하기

[준비물] 학생용 교재 67쪽, 연필

① 그림에 소개된 통신수단의 이름이 무엇인지 물어보고 잘 모르는 것이 있다면 이름과 사용 방법 등을 소개한다.

② 오래전에 사용했던 물건부터 요즘 주로 사용하는 물건까지 차례대로 번호를 적어 보게 한다.

━━━ 사람들의 통신수단은 많이 변해 왔어요. 아마 이 중에서 어떤 물건들은 여러분이 전혀 본 적도 없을지도 몰라요! 예전에는 이런 도구들을 통해 의사소통을 했어요. 미래에는 어떤 도구가 사용될까요? 궁금하네요.

③ 하나님은 사무엘을 "사무엘아, 사무엘아!" 하고 부르셨다고 말해 주고, 하나님이 나를 어떻게 부르실지 상상하며 적어 보게 한다.

④ 하나님이 나에게 꼭 들려주고 싶으신 말씀이 있다면 그것은 무엇일지 생각해 보고 적어 보게 한다.

━━━ **하나님은 사무엘을 부르셔서 하나님의 계획을 알려 주셨어요.** 우리는 어떻게 하나님의 음성을 들을 수 있을까

요? 요한복음 10장 3절은 양은 목자의 음성을 듣는다고 말해요. 우리는 성경을 통해, 기도를 통해 우리에게 말씀하시는 하나님의 음성을 들을 수 있고, 순종함으로 하나님의 계획에 참여할 수 있어요.

기도는 어떻게 해야 할까요? ★

[준비물] 사인펜이나 색깔 스티커 또는 견출지 등

① '다섯 손가락 기도법'을 소개한다. 엄지손가락부터 손가락을 차례로 접으며 설명해 준다.

· 엄지 : "하나님, 사랑해요."

· 검지 : "하나님, 감사해요."

· 중지 : "하나님, 용서해 주세요."

· 약지 : "하나님, 도와주세요."

· 애지 : "예수님의 이름으로 기도합니다. 아멘."

━━━ 첫째로 하나님께 사랑한다고 말해요. 둘째로 하나님께 감사한 것을 고백해요. 셋째로 하나님 앞에 죄지은 것을 회개해요. 넷째로 필요한 것을 도와 달라고 구해요. 마지막으로, 예수님의 이름으로 기도를 마쳐요.

② 여러 번 반복해 다섯 손가락 기도법을 익히게 한다.

TIP 엄지손가락부터 차례로 '사랑', '감사', '용서', '도움', '예수님'이라고 사인펜으로 쓰거나 색깔 스티커, 또는 견출지 등을 이용해도 좋다.

━━━ 한나는 아이를 낳을 수 없는 절망과 고통 가운데 슬퍼하지만 않고 능력의 하나님께 간절히 기도했어요. 불가능을 가능하게 하시고 우리의 기도를 들어주시는 하나님께 한나처럼 진심으로 기도해요.

🧰 보물 상자

나만의 기록장

[준비물] 학생용 교재 68쪽, 연필

① 오늘 하나님이 내게 어떤 마음을 주셨는지 사무엘처럼 하나님의 말씀에 귀 기울이는 시간을 갖는다.

② 사무엘처럼 하나님의 말씀을 다른 사람들에게 어떻게 전할 수 있을지 그림이나 글로 표현해 보게 한다.

━━━ **하나님은 사무엘을 부르셔서 하나님의 계획을 알려 주셨어요.** 사무엘은 어렸지만 사람들은 하나님이 그와 함께

하시는 것을 알 수 있었어요. 아직 어리더라도 하나님은 여러분을 사용하셔서서 하나님의 계획을 이루실 수 있어요. **하나님은 어떻게 하나님의 계획을 이루시나요? 하나님은 사람들을 통해 하나님의 계획을 이루세요. 하나님의 계획은 하나님의 영광을 드러내고 사람들에게는 유익해요.** 그리고 여러분도 사용하실 수 있지요!

메시지 카드

이번 주 메시지 카드로 부모님과 함께 오늘 배운 성경 이야기를 나누어 보라고 한다.

기도

하나님, 우리를 구원해 주셔서 감사합니다. 사무엘을 부르셔서 하나님의 계획을 알려 주신 것처럼 우리도 하나님의 음성을 듣고 세상에 전할 수 있기를 원합니다. 오직 예수님을 통해서만 구원받을 수 있다는 복음을 나누는 이번 주가 될 수 있도록 도와주세요. 예수님의 이름으로 기도합니다. 아멘.

내가 네게 명령한 것이 아니냐
강하고 담대하라
두려워하지 말며 놀라지 말라
네가 어디로 가든지
네 하나님 여호와가
너와 함께하느니라 하시니라

여호수아 1장 9절

대저 여호와는 우리 재판장이시요

여호와는 우리에게

율법을 세우신 이요

여호와는 우리의 왕이시니

그가 우리를 구원하실 것임이라

이사야 33장 22절

죄
구원
고통
평화
회개

하나님이 **구원자**를 보내셨어요.
바로 **사사**예요.

이스라엘 백성은 하나님께
죄를 지었어요.

이스라엘 백성은
다시 **평화**를 찾았어요.

이스라엘 백성은 대적에게
정복당했어요.

이스라엘 백성은
하나님께 **부르짖었어요.**

성경 이야기가
어린이들에게는
너무 폭력적일까?

여호수아와 사사에 관한 성경 이야기는 흥미진진합니다. 그러나 이 이야기들에 포함된 폭력성 때문에 마음에 어려움을 느끼는 교사도 있습니다. 한 목회자가 이렇게 물었습니다. "어떻게 하면 연령에 맞게 성경 메시지를 전달할 수 있을까요? 어린이들이 성경의 폭력성에 노출되는 것을 막으려는 요즘 경향에 대해 어떻게 느끼십니까?"

취학 전 아동과 초등학생에게 폭력성이 포함된 성경 이야기를 하는 데는 두 가지 방법이 있습니다.

폭력적인 내용을 빼고 전달하기

첫 번째 방법은 폭력적인 이야기는 가정에서 성경 이야기책으로 읽게 두고 교회의 대그룹이나 소그룹에서는 이야기하지 않는 것입니다. 그렇게 할 경우 가정에서 부모가 자녀들에게 들려줄 이야기의 범위와 시기를 정하게 됩니다. 교회에서는 폭력적인 부분을 이야기하지 않아도 됩니다. (예를 들어, 사무엘상 17장에서는 다윗이 골리앗을 죽이는 내용이 아니라 형들에게 음식을 가져다주는 것에 초점을 둘 수 있습니다.)

사실을 전달하기

두 번째 접근법은 폭력성이 포함된 이야기를 들려주지만, 이야기의 요점을 흐트러뜨릴 수 있는 추가 묘사, 또는 자극적인 부분은 제거하는 것입니다. 이 경우 취학 전 아동에게 다윗이 물매와 돌멩이 하나로 거인을 물리쳤다는 이야기를 들려줌으로써 평범한 사람을 통해 위대한 일을 행하시는 하나님의 능력에 경탄하게 할 수 있습니다. (다윗이 골리앗의 머리를 칼로 자르는 부분은 다룰 필요가 없게 됩니다.)

어린이를 위한 많은 자료는 첫 번째 방법을 반영하고 있지만, 《가스펠 프로젝트》는 두 번째 방법을 선택했습니다. 폭력에 집착하지 않고 이야기의 사실을 전달하는 데 초점을 맞추는 것입니다. 《가스펠 프로젝트》에서 폭력적인 부분을 생략하지 않고 아이들에게 성경 이야기를 들려주는 이유는 다음과 같습니다.

성경 이야기의 목적

어린이, 특히 취학 전 아동은 죽음에 대해 완전히 이해하지 못하겠지만, 《가스펠 프로젝트》는 어린이들이 생각보다 훨씬 더 높은 인지력을 갖고 있다고 믿습니다. 세계적으로 사랑받는 동화들 중에는 상당히 폭력적인 내용을 포함하는 경우가 있습니다. 《빨간 모자》 또는 《헨젤과 그레텔》 등이 그 예입니다. 하지만 이런 동화를 대할 때 어린이들은 이야기가 친숙하기에 폭력적인 요소를 간과하는 경향이 있는 것 같습니다.

어린이를 가르치는 교사로서 우리가 폭력적인 이야기를 들려줄 때 걱정을 하는 이유가 성경에 대해 잘 모르기 때문이 아닌지 돌아보아야 합니다. 한 예로, 아간과 에훗, 야엘의 이야기에 충격을 받은 교사라 하더라도 노아의 방주 사건(하나님이 모든 살아 있는 생명체를 멸망하신 이야기)이나 아브라함과 이삭(아버지가 아들을 죽일 뻔한 이야기)의 이야기에는 대개 별다른 문제를 발견하지 못하곤 합니다.

성경에 담긴 폭력적인 요소는 우리의 죄가 얼마나 나쁜지, 얼마나 심각한지를 보여 줍니다. 완벽한 에덴동산에서 시작된 성경 이야기는 형이 동생을 죽이는 끔찍한 이야기로 이어집니다. 그렇지만 우리가 죄의 어두움을 발견할 때 복음의 기쁜 소식이 더욱 밝아집니다.

우리 자녀들은 죄가 가득하고 폭력적인 세상에서 폭력을 경험합니다. 물론 어느 정도는 아이들을 보호할 수 있습니다. 그러나 결국 아이들은 이 타락한 세계의 현실과 직면하게 될 것입니다. 어린이들은 하나님이 비극적인 결말을 안타까워하시는 분이라는 것, 폭력 사태를 방관하시지만은 않는 분이라는 사실을 알 필요가 있습니다.

성경에서 가장 중요한 이야기는 가장 끔찍하고 듣기 힘든 이야기입니다. 바로 예수 그리스도의 죽으심과 부활에 관한 이야기입니다. 피가 난무하거나 선정적인 그림을 보여 주며 십자가를 가르칠 필요는 없습니다. 그렇지만 우리는 어린이들에게 그리스도께서 우리를 위해 희생하시고 돌아가셨다는 이야기를 해 주어야 합니다. 전 우주적 회복을 가져오신 예수님께 행해진 부당한 폭력(십자가 사건)은 기독교 신앙의 핵심입니다.

특정 이야기를 들려줄 때 연령에 적합한지를 고려하는 것은 부모와 교사의 의무입니다. 《가스펠 프로젝트》 편집부는 이야기 속의 폭력적인 요소에 지나친 관심을 갖거나 부정하지 않고 복음에 집중하는 방식으로 성경 이야기를 충실히 전하려고 노력했습니다.

트레빈 왁스(Trevin Wax)_ LifeWay *The Gospel Project* 편집장

가스펠 프로젝트 **구약 커리큘럼**

1권	2권	3권	4권	5권	6권
위대한 시작 창	**하나님의 구출 계획** 출, 레, 신	**약속의 땅** 민, 수, 삿, 룻, 삼상	**왕국의 성립** 삼상, 삼하, 왕상, 욥, 전, 시, 잠	**선지자와 왕** 왕상, 왕하, 대하, 사, 렘, 겔, 호, 욘, 욜	**돌아온 하나님의 백성** 단, 에, 느, 말
1단원 창조의 하나님	**1단원** 구출하시는 하나님	**1단원** 구원의 하나님	**1단원** 왕이신 하나님	**1단원** 계시하시는 하나님	**1단원** 보호하시는 하나님
1. 하나님이 세상을 창조하셨어요 2. 하나님이 사람을 창조하셨어요 3. 죄가 세상에 들어왔어요 4. 가인과 아벨이 제물을 드렸어요 5. 하나님이 노아와 가족을 구해 주셨어요 6. 바벨탑을 쌓던 사람들이 흩어졌어요	1. 모세를 부르셨어요 2. 이스라엘 백성은 재앙을 피했어요 3. 홍해를 건넜어요 4. 광야에서 시험을 치렀어요 5. 금송아지를 만들었어요	1. 약속의 땅을 정탐했어요 2. 놋뱀을 바라보았어요 3. 하나님이 여리고 성을 주셨어요 4. 죄 때문에 아이 성 전투에서 졌어요 5. 여호수아가 당부했어요	1. 이스라엘이 왕을 달라고 했어요 2. 하나님이 사울을 버리셨어요 3. 다윗이 골리앗과 맞섰어요 4. 다윗과 요나단이 친구가 되었어요 5. 하나님이 다윗과 언약을 맺으셨어요 6. 다윗이 하나님께 죄를 지었어요	1. 엘리야가 악한 아합을 꾸짖었어요 2. 엘리야가 이세벨을 피해 도망쳤어요 3. 하나님이 나아만을 고쳐 주셨어요 4. 하나님이 이사야를 부르셨어요 5. 이사야가 메시아에 대해 외쳤어요 6. 히스기야는 남 유다의 신실한 왕이었어요	1. 다니엘과 친구들이 하나님께 순종했어요 2. 사드락, 메삭, 아벳느고를 구하셨어요 3. 다니엘을 구하셨어요 4. 하나님의 백성을 고향으로 데려오셨어요 5. 성전을 다시 지었어요
2단원 언약을 맺으시는 하나님	**2단원** 거룩하신 하나님	**2단원** 다스리시는 하나님	**2단원** 지혜의 하나님	**2단원** 포기하지않으시는 하나님	**2단원** 공급하시는 하나님
7. 하나님이 아브라함과 언약을 맺으셨어요 8. 하나님이 아브라함을 시험하셨어요 9. 하나님이 다시 약속하셨어요	6. 십계명 "하나님을 사랑하라" 7. 십계명 "이웃을 사랑하라" 8. 성막을 지었어요 9. 하나님이 제사의 규칙을 정해 주셨어요 10. 오직 하나님만 예배해요 11. 하나님의 언약을 기억해요	6. 사사들이 이스라엘 백성을 이끌었어요 7. 드보라와 바락이 노래했어요 8. 겁쟁이 기드온이 용사가 되었어요 9. 삼손에게 다시 힘을 주셨어요 10. 룻과 나오미를 보살펴 주셨어요 11. 하나님이 사무엘에게 말씀하셨어요	7. 솔로몬이 지혜를 구했어요 8. 지혜는 하나님께로부터 와요 9. 솔로몬이 성전을 지었어요 10. 이스라엘이 둘로 나뉘었어요	7. 하나님이 호세아를 통해 북 이스라엘에 사랑을 전하셨어요 8. 하나님이 요나를 통해 니느웨에 사랑을 전하셨어요 9. 하나님이 요엘을 통해 남 유다에 사랑을 전하셨어요	6. 에스더를 왕비로 세우셨어요 7. 에스더를 통해 하나님의 백성을 구하셨어요 8. 느헤미야가 예루살렘의 소식을 들었어요 9. 예루살렘 성벽을 다시 세웠어요 10. 에스라가 하나님의 율법을 읽었어요 11. 말라기가 하나님의 말씀을 전했어요
3단원 언약을 지키시는 하나님		**3단원** 주권자이신 하나님		**3단원** 새롭게 하시는 하나님	**※ 성탄과 부활**
10. 야곱이 복을 가로챘어요 11. 하나님이 야곱에게 새 이름을 주셨어요 12. 요셉이 이집트로 팔려 갔어요 13. 요셉의 꿈이 이루어졌어요		11. 솔로몬이 산다는 것에 대해 생각했어요 12. 욥이 고난을 받았어요 13. 하나님을 찬양해요		10. 하나님이 예레미야를 부르셨어요 11. 예레미야가 새 언약에 대해 예언했어요 12. 남 유다 백성이 포로로 잡혀갔어요 13. 에스겔이 앞날의 소망을 이야기했어요	**부활절** 1. 예수님이 예루살렘에 들어가셨어요 2. 예수님이 부활하셨어요 **성탄절** 1. 왕을 기다려요 2. 천사가 마리아와 요셉에게 나타났어요 3. 예수님이 태어나셨어요 4. 동방박사들이 왕께 경배했어요

※세부 내용은 사정에 따라 변경될 수 있습니다.

구약3 **성경의 초점과 주제**

1단원 **구원의 하나님**

Q 우리는 무엇을 믿어야 할까요?

A 우리는 하나님이 우리를 돌보신다는 것을 믿어요.

1. 이스라엘 백성은 약속의 땅을 주시겠다는 하나님의 말씀을 신뢰하지 않았어요.
2. 하나님은 이스라엘 백성이 놋뱀을 바라보면 살 것이라고 말씀하셨어요.
3. 하나님은 이스라엘 백성을 위해 싸우셨고, 그들을 약속의 땅으로 인도하셨어요.
4. 하나님은 아간의 죄를 벌하신 뒤 아이 성에서 이스라엘 백성을 위해 싸우셨어요.
5. 여호수아는 이스라엘 백성에게 하나님만 섬기도록 권면했어요.

2단원 **다스리시는 하나님**

Q 하나님은 어떻게 하나님의 계획을 이루시나요?

A 하나님은 사람들을 통해 하나님의 계획을 이루세요.
하나님의 계획은 하나님의 영광을 드러내고 사람들에게는 유익해요.

6. 하나님의 백성이 하나님께 등을 돌리고 우상을 섬겼어요.
7. 이스라엘 백성은 그들을 대적들로부터 구원해 줄 누군가가 필요했어요.
8. 하나님은 기드온의 약함을 통해 영광을 받으셨어요.
9. 하나님이 삼손에게 힘을 주셨어요.
10. 하나님은 룻과 나오미를 구해 줄 사람을 보내 주셨어요.
11. 하나님은 사무엘을 부르셔서 하나님의 계획을 알려 주셨어요.